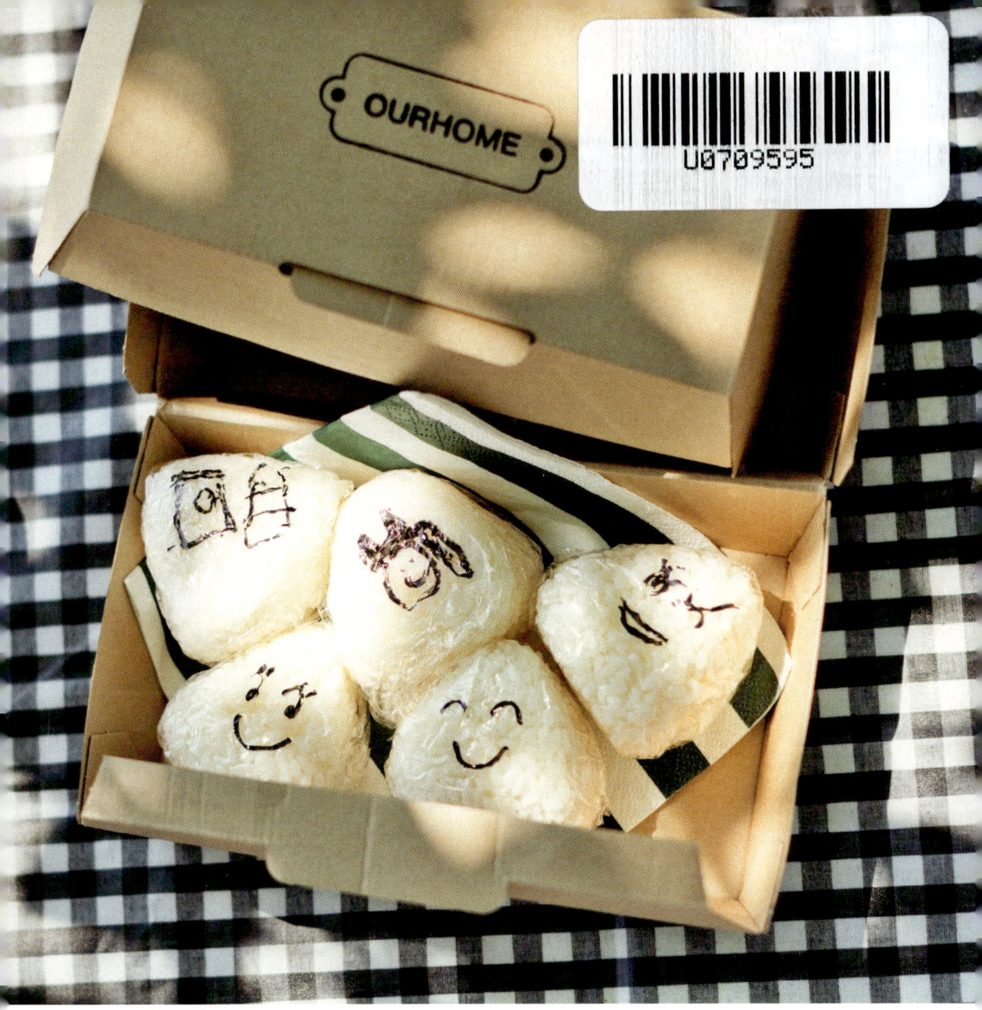

宝贝来，咱一起玩家事

整理收纳咨询师
【日】Emi　著
许郁文　译

要跟孩子尽情玩耍，

可能比想象中困难。

不过，我虽然很爱孩子，

但是不会因为孩子

就忍住自己也想玩的心情。

不用一味地迁就孩子，

大人也不需要忍耐，

简简单单地玩得开心就好。

孩子与大人“玩得快乐”，

度过一段融洽的亲子时光。

这就是我想要的均衡生活。

别再说，因为有孩子所以没办法玩。

而要说，和孩子一起玩真好!

与孩子一起度过工作的时光

这是一位来参加我讲座的听众的故事。

这位听众生孩子之前是在花店工作，她很喜欢捆花环和花束。孩子出生后，一切都改变了。因为觉得会被打扰，所以孩子醒着的时候没办法工作，想着哄孩子睡着后再做，结果却与孩子一起睡着了。渐渐地，她在不知不觉中与喜欢的工作越来越远。

我也一样，在双胞胎1岁的时候，我总是想等到孩子们睡着后再从事自己的爱好，结果每次都会一起睡着。久而久之，就出现“什么也没做”的悔恨与“为什么我会跟着睡着”的自责心情，我变得一点都不从容，对孩子也很不耐烦，甚至浮现过“你们为什么还不赶快睡觉”的念头。

后来，我改变了想法，试着在孩子醒着的时候做我想做的事。虽然也有过被打扰的情况（孩子也想一起做），或者进行得不如预期的情况，但是并非一点成果也没有。即使只有0.5步，也的确前进了，总算能做点自己想做的事。

“别再忍着不做自己想做的事，而是与孩子一起玩，一起慢慢地前进。”

我把这番话传达给前述的听众后，收到了下面的回答：

“之前总是觉得孩子还小，放弃了自己的兴趣，但现在我把叶子和图画

纸拿给坐在旁边的孩子，让孩子用胶水粘粘贴贴或者画图，孩子看起来很快乐，而且我也能不耽误工作！之前我一直以为两者不可能兼顾，现在看来是完全没问题的。”

自此之后两年，这位听众又回到职场，现在已经拥有自己的花坊。

不要因为有了孩子而放弃各种爱好，而要因为有了孩子才能更快乐地享受生活。

家务事不是所谓的“帮忙”，而是游戏的延伸，让孩子们乐在其中

煮饭、洗衣服、扫地，家务事似乎没有做完的时候。或许一听到一起做家务事，就会想到“让孩子帮忙”或“指挥孩子做某件事”吧？

其实我家没有“帮忙”这个概念。既然家是大家共同的活动场所，当然是大家一起做才对啊！所以我们家没有“让谁做某事”“安排谁做某事”的想法，只有“因为是一起住的家，所以大家一起分享家务事才有趣，这样大家都不会感到压力”的心情。

不是不耐烦地做，而是要开开心心地改善居家环境。只要把家务事规划好，孩子也有很多能一边玩耍一边完成的事情。当然，有时也会是三分钟热度！

“家务事与明天的准备都是玩耍的一部分”，以这样的立场跟孩子们一起完成。我很珍惜这种一边玩耍，一边做事的感觉。

我认为重要的事情

1 什么都可以跟孩子一起做

以“玩耍”的心态做家务事，不管是清扫居室等大人的家务事，还是整理玩具等孩子的家务事，都可以与孩子一起做。

2 在某件事情上下点功夫

“想要玩具！”“我想要大家都有的那个！”听到孩子这么说的时候，不要只回答：“干吗买那种东西？”而应该试着回答：“要不要一起做做看？”即使变成大人，这份创造力也一定还存在。让孩子看看用瓦楞纸箱与废弃的材料变成玩具的神奇魔力吧！

3 打造环境

打造一个孩子想要做什么就能立刻投入的环境吧！例如能让孩子尽情玩耍的环境，或者把用品分门别类整理好，方便拿取的环境。

4 相信孩子的能力

孩子想做些什么的心情远比父母以为的强烈。相信孩子的能力，放手让孩子去做，有助于增强孩子的自信，还能增加孩子做家务的兴趣。思考力、执行力等，都能在做家务事的同时得到训练。

不要追求完美

追求完美这件事会让大人孩子都很累。玩耍也是一样，大人总是会不自觉地追求完美，只要一不如意，就会给自己压力。其实根本不需要给自己设下门槛，随性的户外活动，随性的DIY是最推荐的游戏方式。

前言

“家人的幸福从作为生活基础的‘家’开始。”

我是以上述理念主持OURHOME（我们的家）的整理收纳咨询师Emi。

我与老公还有2009年出生的龙凤胎一起过着四个人的生活。

我在孩子们1岁半的时候回到职场，如今孩子们已经6岁了。

现在以整理收纳咨询师的身份写书、举办讲座以及企划商品。2015年在日本兵库县西宫创立了“生活课程工作室”。

在讲座与课程里，我经常会遇到刚成为母亲不久的妈妈。

最常从这些妈妈的口中听到的是：

- 我不知道该怎么跟孩子玩。
- 我不像其他妈妈那么懂得跟孩子相处。
- 我很想继续自己的工作，可是因为孩子不得不中断。

这种心情，我真的很了解。

虽然这本书写着以“玩耍”为主题，但老实说，我也是个不太懂得与孩子相处以及玩耍的母亲。

我想工作，也有想完成的梦想。

不过，也很想珍惜与孩子们共同度过的时间。

这样的我，心中所想的“玩耍”是与孩子一起分享时间。

好快乐！好有趣！然后才能一同分享共度的时光，不是吗？

游戏与生活慢慢地融为一体。

大人不需要一味地迁就孩子，也不用强迫与孩子玩，我想保持这样的平衡。

有了孩子，不一定非得放弃很多事情，正因为有孩子，所以才能一起享受生活。

本书记载了我与双胞胎这六年来的生活方式与游戏方式，也介绍了在一些东西上花点心思，与孩子一起游戏的方式，同时以整理收纳咨询师的身份，介绍如何打造一个方便与孩子玩耍的空间。

我自己的育儿生活也才刚起步，不过，我渐渐地从与孩子的玩耍中找到方法，并从这个方法中找到与孩子相处的方式。如果这本书能对大家的家庭生活起到帮助，那真是本书的荣幸。

与孩子一起度过工作的时光 4
家务事不是所谓的“帮忙”，而是游戏的延伸，让孩子们乐在其中 6
我认为重要的事情 8
前言 10

目录

我们家的日程表 14

Chapter 1 我家的一周生活

星期一
早上 在阳台玩花店老板扮演游戏 16
晚上 今晚我家是餐厅！ 17
星期二
早上 一起做黄豆粉面包 18
晚上 在家也能玩幼儿园的游戏 19
星期三
早上 早上偶尔去公园玩 20
晚上 一起做父母亲喜欢的事情 21
星期四
早上 叠洗好的衣服，预备，开始! 22
晚上 连晚餐都是大家一起做！ 23
星期五
早上 美发店角色扮演 24
晚上 星期五有最喜欢看的电视节目 25
星期六
早上 在公园玩个痛快！ 26
晚上 大人不用舍弃“享乐” 27
星期日
早上 在外面吃早餐吧！ 28
晚上 专心地画My笔记本 29
专栏1 什么是父母亲能做的事情？ 30

Chapter 2 方便玩耍！打造孩子们的专属空间

如何打造方便玩耍的空间？ 32
❶ 打造小小的空间 34
❷ 专为安全设计的地板 35
❸ 符合孩子视线高度的矮家具风格 36
❹ 简化玩具的收纳 38
❺ 时时更换排列组合 40
❻ 设计成移动式收纳 42
❼ 试着重新整理一次 43
专栏2 每年4月都是慢节奏生活 44

Chapter 3 依照年龄分类！平日的30分钟游戏

平日的“30分钟游戏”都是这样想出来的 46
0～2岁的平日30分钟游戏 48
3～5岁的平日30分钟游戏 52
话题1 我家挑选绘本和玩具的方法 56
专栏3 游戏的启蒙者是祖母 60

Chapter 4 让周末的游戏变得更有趣！

周末游戏！基本的用心与巧思 …… 62
不需要专门的道具也能玩 …… 64
在孩子们画的画上动点巧思 …… 65
偶尔盛装打扮出门 …… 66
不刻意设计的户外活动 …… 68
话题2 旅行的行李该如何准备？ …… 74
玩扮演店老板的游戏 …… 76
什么都有自己的名字，让人很兴奋！ …… 78
话题3 周末与友人一起去
小木屋旅行吧！ …… 80
春天和秋天就举办大扫除运动会吧 …… 82
不勉强举办季节性的活动 …… 84
话题4 让游戏变成习惯
一起制订全年的行程表吧！ …… 86
有时候不妨慢下来生活 …… 88
简单！生日庆祝的装饰 …… 89
话题5 我家孩子的照片整理 …… 90
专栏4 为旅行订下目标 …… 92

Chapter 5 与孩子们一起DIY！

基本原则 …… 94
什么时候开始DIY？ …… 95
方便使用的基本道具 …… 96
孩子们的桌子 …… 98
一板双用！招牌和迷你桌子 …… 100
可以用粉笔画图的花盆 …… 101
一起给墙壁刷油漆吧！ …… 102
我家的阳台 …… 104
过家家的厨房 …… 106
爸爸专栏 …… 108
专栏5 到底什么叫作“珍惜”？ …… 110

Chapter 6 大家的烦恼Q&A

Q“雨天怎么安排行程？” …… 112
Q“堵车时，或者在医院等待的时间
该怎么安排呢？” …… 114
Q“Emi小姐都带孩子去外面玩吗？
不会去购物中心吗？” …… 115
Q“孩子小时候的纪念品都
是怎么保存的？” …… 116
Q“很想让他们玩得尽兴，但是前期的
准备工作却很麻烦！” …… 117
Q“怎么决定孩子该学的才艺呢？” …… 118
Q“怎么设计周末玩的游戏？” …… 119
Q“孩子们总是互相打架，
该怎么办才好？” …… 120
Q“爷爷和奶奶怎么跟孙子玩呢？” …… 121
Q“Emi小姐家都在
什么时候买玩具呢？” …… 122
Q“孩子对电视和手机很痴迷，
该怎么办？” …… 123

结语 …… 124

平日的情况

OURHOME

我们家的日程表

这是我与老公还有两个6岁双胎胞的生活。
我们是双薪家庭，孩子们正在上幼儿园。
这是我们家的日程表

时间	我		孩子
6:30		**起床**	
	叠洗好的衣服 洗澡 吃早餐 收拾垃圾 化妆 设定电锅的时间 用吸尘器简单地做扫除		穿衣服 叠洗好的衣服 吃早餐 收拾书包 给阳台的盆栽浇水 喂金鱼饲料
8:10		**出发**	
	上班		上学
18:30		**接孩子放学**	
	准备晚餐	回家 洗澡	做章鱼饭（偶尔）
19:20		**晚餐**	
	打扫厨房		

时间	我		孩子
21:00		**就寝**	
	按下洗衣机的开关 （预约早上6:00洗好）		读绘本

叠衣服

去幼儿园之前

今天是
我切的哟！

尽情玩吧！

晚安

Chapter 1

我家的一周生活

我家是双薪家庭，还有两个6岁上幼儿园的双胞胎，这是我家的一周生活。

平日虽然没什么时间与孩子们交流，但是交流的质量却很高。不管是大人还是孩子，想做的事与该做的事都拿捏得宜。把该做的家务事变成游戏，就能开心地完成！

monday

星期一 早上

在阳台玩花店老板扮演游戏

“过家家”游戏真的会让人很投入！

水槽的水可以用水泵储水

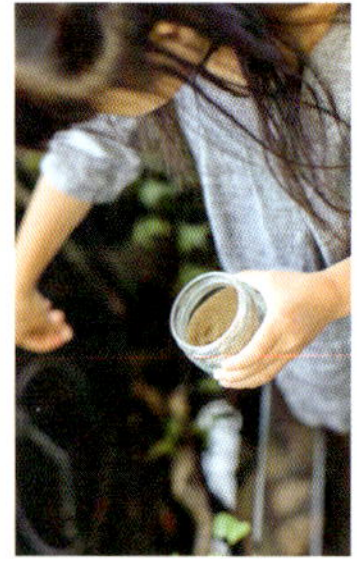

金鱼的饲料装在孩子能拿得动的瓶子里

我家的阳台虽然很小，却种满绿色植物，还养着金鱼，每天早上都得浇水与喂饲料。如果孩子们能在忙碌的早上帮忙做这些事，那真的是救了我一命。不过，我有时喊：“帮花浇点水。”孩子们也不一定会立刻行动。这时，我都会故意问女儿：“花店老板，要浇多少水才够呀？”跟女儿玩扮演花店老板的游戏。不可思议的是，“过家家”游戏开始后，干劲就猛然涌现！“好，今天浇这些水就够了。”女儿会拿起水管勤快地浇水。这时候的我正坐在看得见阳台的沙发上化妆。忙碌的早晨，最希望自己像多头火车一样，各种事情能同时进行。化妆不一定非在洗漱间完成，可以在看得见孩子的地方，一起共享忙碌的时光。

晚上

今晚我家是餐厅！

如果家务事也是游戏的一部分，就会变得很有趣！

服务生穿上了围裙，用托盘把盘子送过来了

我家孩子从1岁半开始去上幼儿园。晚上六点半左右回家，洗完澡，就开始准备晚餐。从孩子3岁开始，只要他们愿意，就会邀请他们一起做饭，有时连配菜也一起做，不过到了6岁之后，他们变得有点要滑头，有时会吵着“不要，我不想做”。此时若只是一味责备孩子，那什么也做不了了，所以我为他们准备了专用的围裙，让他们变成餐厅的服务生与服务小姐。虽然已经6岁了，但是他们还是会很有兴趣地玩角色扮演游戏。家务事不是“帮忙做”，而是游戏的一部分，我希望他们一边快乐地玩游戏，一边学习做家务事的方法。小时候就了解这些基本常识，长大后一定会派上用场。

低角度餐桌是为了方便孩子擦得亮晶晶

运送餐点的推车

这是在前一本著作也介绍过的推车。我把它调整成适合孩子的高度，自己的晚餐自己盛

在有别于平常的场所吃早餐，莫名地觉得特别好吃

Tuesday

星期二 早上

一起做黄豆粉面包

打造让孩子自发自愿的机制

为了让孩子全程参与，我提议准备能边玩边做的早餐。面包是孩子们全程自己制作，自己装进袋子里摇、自己烤。在哪里呢？就是刚刚浇花的阳台啊，我就在那里随时监控着。虽然只是换个地方，对孩子来说却是全新的心情。早上在家做早餐是我家的风格。现在流行的是黄豆粉面包，爸爸和我的面包也一起请担任面包师傅的孩子做吧！

面包就放在伸手可及的位置

将黄豆粉和砂糖放入塑料袋里

摇啊摇

黄豆粉面包完成了，用厨房剪刀剪成块状

晚上

在家也能玩幼儿园的游戏

模仿游戏专家

从幼儿园回家后得先洗澡、吃饭，还得整理房间，睡觉之前玩游戏的时间很有限。其实是我的事情比较多，所以决定认真玩游戏的时间只有30分钟。虽然是随便订下的规则，不过我觉得这比起边做家务事边玩游戏，结果家务事与游戏的时间拉得太长还有效果。

不过，每天想游戏可是件辛苦的事，所以有时候我会问孩子们："今天在幼儿园玩什么了呀？"然后直接在家里玩同样的游戏。我觉得这真的是很合理的做法。幼儿园老师会为不同学龄的孩子准备游戏，所以我连想都不用想，很简单就能帮孩子找到好玩的游戏。

我家的收纳方式也是参考幼儿园，而且连游戏都一并参考。现在流行的是翻花绳，孩子懂得比我还多，我常常要请教他们呢！

用积木玩骨牌的游戏是从幼儿园学到的

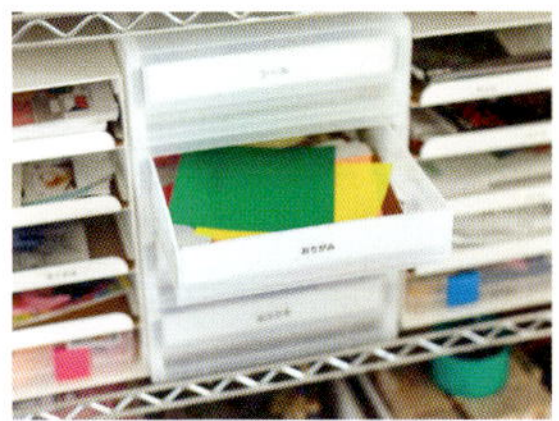

就连折纸游戏也是根据不同的学龄设计的。将折纸放在孩子够得到的特定抽屉里

Wednesday

早上

星期三

早上偶尔去公园玩

早上活动一下
心情变得超好哟！

平日傍晚没时间玩，也不能骑脚踏车，所以有时候改在早上骑

最近老公每天早上都会花30分钟时间慢跑或踢足球。有天早上，两个孩子居然说："我也要去！我也要去！"他们玩得很开心，大家一副兴高采烈的样子。有趣，是一切的前提，所以不会每天都强迫他们去，只有在起得来的时候，而且是自己心甘情愿地去。顺带一提，只有我没参加这个"公园早起团"，如果早起，我通常是一边喝着咖啡，一边进行一些工作。

平常都是6:30起床，但想让孩子早起时，会特意把闹钟调成5:30

幼儿园老师曾告诉我，早上运动的孩子在幼儿园的表现完全不同。能够早起的日子通常早餐吃得比较多，而且一整天的精力都很充沛。

让孩子早起的大人的心机

穿着一起床就能立刻出门的衣服睡觉

冬天先把暖气调高，让整间屋子暖和和的

晚上

一起做父母亲喜欢的事情

父母亲不用忍着不做自己想做的事

总算到了一周正中间的这天——星期三的晚上，只要过了今晚，就能稍微喘息一下。吃完晚餐后，今天的30分钟游戏是杂志的剪贴。其实这是我最想玩的游戏，不过之前是等孩子们睡着后再做，结果常不小心跟着一起睡着，所以现在干脆跟孩子们一起玩。从孩子们3岁的时候开始一起做，6岁时的女儿已经能够做出一本漂亮的剪贴笔记了。这本笔记里面有松饼、饺子，有时候还会出现偶像的照片，是一本全是自己心爱之物的笔记。我觉得，从小就知道自己的“喜好”，就能培养出从信息爆炸的现代，找出自己心爱之物的能力。

我有50多本笔记本，里面全是我喜欢的内容

女儿会把剪下来的图片拼在一起

Thursday

星期四 早上

叠洗好的衣服 预备，开始！

把家务事变成游戏吧！

我在《边收拾边教育孩子》一书中也写过，每天早上都要叠衣服，这件事现在当然还继续执行，从那之后，孩子们变得懂事多了。小小的洗衣篮里晾干的衣服多到满出来，所以我跟孩子一起去了趟杂货店，买了专用的洗衣篮，而且都是让他们自己挑选喜欢的颜色。

当然会遇到孩子们很烦，不想叠衣服的时候，此时我就会喊："谁会更快叠好呢？预备，开始！"若是把家务事当成玩游戏，每天要做的家务事就会轻松一点，而且心情也比较轻松。

选的是浅篮子，因为篮子太深会堆太多衣服，不方便找。

将叠好的衣物收进随身衣物的抽屉里

包好了

电热锅料理是我家的经典料理。孩子们很有心想一起做饭，但是大家全挤在小小的厨房里是很辛苦的，所以我们都是在餐桌上一起准备晚餐。即使一次要包100个水饺，也因为熟能生巧，很快就包好了。第一次包的时候是3岁，当时包得乱七八糟，但现在已经能包得很像样子了，而且还能排得整整齐齐。家务事也是游戏的一部分。动手包饺子是不是很像在玩折纸游戏呢。

晚上
连晚餐都是
大家一起做！
别要求太完美
相信孩子，放手让孩子做做看
完成了
排列进电
热锅煎熟

用每个人喜欢的方法包起来

先将饺子的内馅放入塑料袋捏一捏、揉一揉，拌匀

把馅包进饺子皮里面

发圈都收在洗脸台的抽屉里，抽屉位于孩子能拿得到的高度

Friday

星期五 早上

美发店角色扮演

角色扮演真的很有趣！

每天早上，我都会帮女儿绑头发，有时候女儿很配合我绑，也有赶着出门，绑得乱七八糟的时候。“快来绑头发！”如果叫好几次女儿都不来绑头发，我就会化身为美发师，对着女儿喊：“欢迎光临，今天5元钱就能换个发型，要不要试试看呢？”女儿就会立刻跑过来。“请问您是从哪里来的啊？”“今天要剪什么发型呢？”我都会这样问女儿。因为工作的关系，平日没什么时间跟女儿聊天，所以这段时间对我来说非常珍贵。最近女儿开始学会自己绑头发，我很乐意看到她的成长，却也因此觉得有点落寞。

我家都是由孩子自己挑选想穿的便服。平日穿的衣服固定收在这种篮子里

晚上

星期五有最喜欢看的电视节目

只要订好规则就OK!

“看电视怎么规定？”

同为妈妈的朋友或者客人常问这个问题。

我家两个孩子都超爱看电视。我也常跟孩子们看他们喜欢的电视节目。一开始我们大人都觉得，偶像有什么好迷的，结果不知不觉受到孩子们的影响，也喜欢上所谓的偶像。我觉得大人和孩子可以慢慢地喜欢同一件事情，真的很棒。别总是以大人的心态硬邦邦地说NO！而是要敞开心扉接纳孩子的兴趣。“哪个节目？如果真的这么喜欢，妈妈是不是也该看一遍啊。”全家人能一起分享乐趣，真的是一种幸福呢。

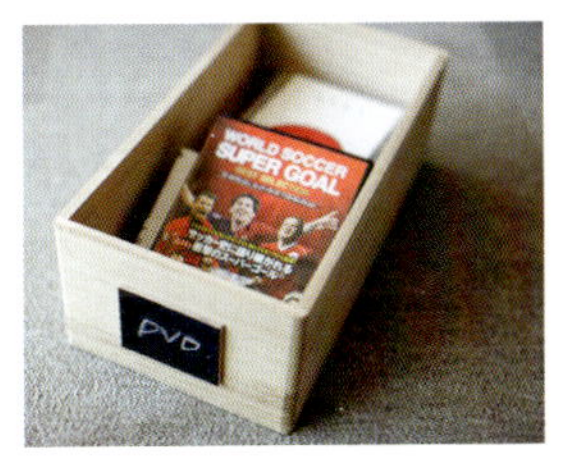

DVD都收在桐木盒里

DVD的盒子放在孩子们都看得到的“家庭图书馆”的一个角落里

Saturday

星期六 早上

在公园玩个痛快！

周末尽可能在户外玩

为了能立刻出发去公园，出游装备都放在一起，随时放在后车厢待命

星期六的早上大概都是去附近的公园玩。我家儿子从5岁开始喜欢踢足球。老公与儿子一起踢足球的时候，附近的小学生们也会说："我们可以一起玩吗？"然后就跟老公与儿子一起玩。那已经是一年以前的事了。自从大家一起玩之后，每到周末，我家的门铃就会响起来，"一起踢足球去。"来找儿子踢足球的是小学五年级的学生们。对儿子来说，这些大哥哥们是崇拜的对象。如果可以因为一起玩，而让大哥哥与小朋友之间产生友谊，真的是件很值得开心的事。

在公园喝的饮品像这样收在篮子里，拿起来会比较轻松

我去附近的公园时，都会先在家里煮好咖啡，跟来公园玩的妈妈朋友们一起喝

晚上

大人不用舍弃“享乐”

想让孩子了解成为大人是件很快乐的事!

子用的桌子连成长长的餐桌，就能一次坐很多人

每到星期六晚上，不是有人来我家玩，就是我们去朋友家拜访。

有孩子之后，的确很难有在外面喝酒的机会，但也不用因此忍着不喝，在大人与孩子都放松的家里慢慢喝是最棒的！我们一般过了中午之后就会聚集在一起吃吃喝喝，途中有时会去公园走走。聊聊工作的事、带孩子的事、家里的琐事，时间一下子就过去了。孩子开不开心是件很重要的事，但是大人也要尽情地开心，而不是一味地配合孩子。

原本都是我跟老公请各自的朋友带家人来家里玩，在不知不觉之中，大家都变成好朋友。我默默地希望孩子们能体会跟朋友一起吃饭是件多么开心的事，也希望他们知道长大成人后，有这么多快乐的事情等着他们。

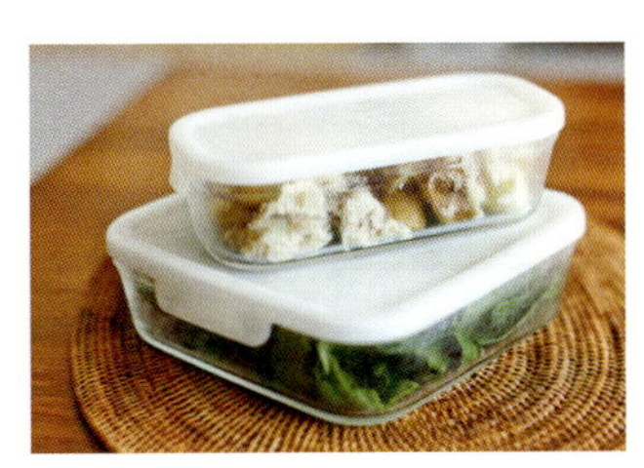

食物都是各家自己带来的。放在保鲜盒里，直接打开吃就可以

Sunday

星期日 早上

在外面吃早餐吧！

更加轻松愉悦的外出就餐

总算到了星期日！若是晴空万里的天气，就带着早餐去公园。不过，不是每次都带亲手做的早餐，有时也会带面包店或便利超市买的食物。

一大早，公园没什么人，可以悠闲地享受时光。既然享乐是目的，那准备就很简单轻松！纸盘、纸杯，这时候就把一切交给这些用完即丢的容器，给自己放个假吧！

挑战爬树

将整组的纸盘与餐巾放入有拉链的塑料袋里，整套带去公园

晚上

专心地画My笔记本

用笔记本记录

星期日晚上尽可能待在家里休息。孩子们最近迷上的是做自己的笔记本。儿子做的是“足球笔记本”，女儿做的是“设计笔记本”。足球练习结束后，儿子会把踢得不错或者可以再努力一点的地方写在笔记本里。记录是件重要的事，可以帮助孩子回顾，更重要的是，能让孩子坐在桌子旁边专心做一件事。虽然只有短短10分钟，却是很重要的一段时间。老公觉得儿子某天有可能会成为足球运动员，所以计划帮儿子好好地保管这本笔记本呢。星期日的晚上早点睡，准备迎接新的一周！

左边是设计笔记本，右边是足球笔记本。两本都很有个人特色呢

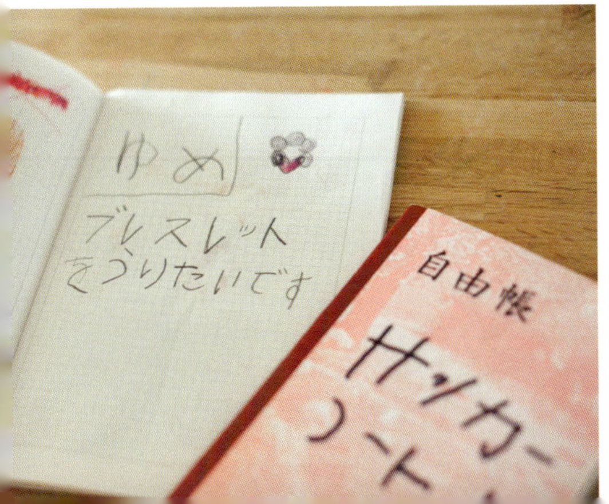

坐在手工制作的儿童专用桌旁写东西

专栏

什么是父母亲能做的事情？

7年前，预料之外的双胞胎突然报到，产下的是一男一女的龙凤胎。第一次带孩子就是带双胎胞，那时候医院、家里两头跑，很是辛苦。但不知是不是忘了这段辛苦的时光，回顾他们的小时候，全被快乐的回忆填满。

我虽然只有养育双胞胎的经验，但这六年来的育儿生涯让我越来越感觉到，孩子们都是“带着天赋出生的”。

即使同一天出生，以相同的方式带大，但是这对双胞胎的性格却恰恰相反。儿子的个性很敏感、谨慎，女儿却是大大咧咧的乐天派。明明是在相同的环境下长大，在认知与想法上常常出现“为什么会有这么明显的差异呢？”的情况。如此一想，或许孩子们真的是带着天赋出生的。

父母亲能做的就是察觉孩子的“天赋”，然后在旁边尽可能地辅助他们。我们夫妻俩常常说能这样就很棒了，因为比起勉强他们做不擅长的事，我更希望让他们发挥所长。

育儿生涯至今六年半，未来还有漫漫长路要走，希望我们都能细心地守护一下子就长大的孩子。

Chapter 2

方便玩耍！打造孩子们的专属空间

我一直想为孩子打造能专心玩耍的环境。

如此一来，孩子开心，大人也轻松。

本章要介绍的是，我家是根据什么规则打造的空间，以及身为一名整理收纳咨询师如何制订让孩子玩得更加尽兴的玩具收纳方案。

如何打造
方便玩耍的空间？

接下来为大家介绍让孩子玩得尽兴，
又能把玩具轻松收回原处的空间打造方案。

我想为孩子打造能尽情玩耍的空间！

若能打造这种空间，孩子们可以专心、放松地玩，大人也会比较省心，不会觉得烦燥。

我家是以孩子们从1岁半就去的幼儿园为范本打造空间的。这是因为某天我突然想到，幼儿园的玩具明明不多，为什么孩子们总是玩得那么开心？话说回来，幼儿园会根据学龄严选玩具，而且在玩具的收纳方面也花了很多心思，让孩子们能玩得开心，并能轻松地把玩具收回原处。

所以，没有道理不参考幼儿园的做法，为孩子打造尽情玩耍的空间。

方便玩耍～打造孩子们的专属空间

我家的规则

我家是参考幼儿园的哟

规则 1 **打造小小的空间**

规则 2 **专为安全设计的地板**

规则 3 **符合孩子视线高度的矮家具风格**

规则 4 **简化玩具的收纳**

规则 5 **时时更换排列组合**

规则 6 **设计成移动式收纳**

规则 7 **试着重新整理一次**

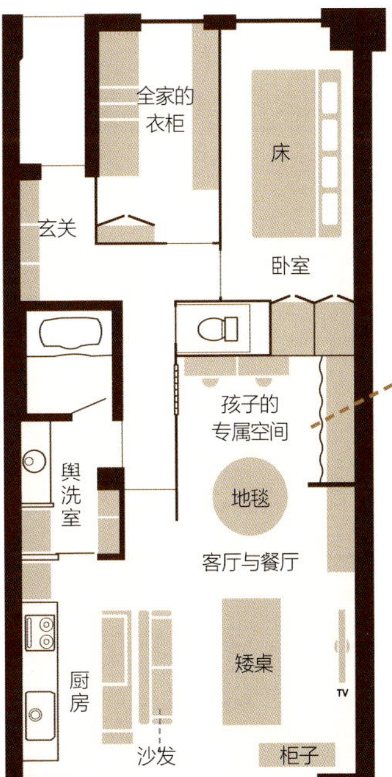

我家的平面图与孩子们的空间

▶ **一般的大楼公寓三居室**

约80m²四口之家的生活

从客厅延伸的7m²空间作为孩子的专属空间

方便玩耍的规则

1

打造小小的空间

宽阔的空间比较方便孩子们玩耍？应该不是这样吧，我觉得孩子们在小小的空间里玩，好像更加安心。

而且，把散落四处的玩具收起来时也比较方便。

幼儿园或者儿童馆也会在宽阔的房间的每个角落打造玩耍专区哦。在家的话，建议在客厅的角落、沙发的后面或者与客厅连接的地方打造一块小小的空间。

我家是把与客厅相连的区域当成孩子们的空间使用。

把沙发的一个角落当成孩子们的空间使用

在7m²大小的空间摆放收纳盒

玩得更细腻，在同一处空间摆放桌子。前面是客厅，与孩子们的空间连在一起。

方便玩耍的规则

2

专为安全设计的地板

他们小的时候，经常会把玩具丢来丢去，也会边玩边弄出声音。
与其每次都跟他们说："这样不行哦！"不如花点心思在铺设上面。
他们2岁之前铺的是拼接地垫，
现在在孩子们的空间以及客厅铺的是拼毯。

以前是铺拼接地垫，让他们能安全地玩，也不会制造噪音

现在是木头地板，就像图中这样铺满拼毯

巧拼

45cm见方的拼垫。

拼毯

50cm见方的拼毯。
只要排列整齐就拼好了。

方便玩耍的规则

3

符合孩子视线高度的矮家具风格

我家餐桌的脚被撤掉，当成矮餐桌使用。
打造放松的空间当然是这么做的一大理由，
而且后来我发现，这样更方便跟孩子们一起玩。
孩子们喊着“妈妈一起玩”的时候，
（老实说，有时候也不是那么想玩啦。）
矮家具能够让我很放松地坐在地上跟他们玩。
孩子们玩积木或者扑克牌的时候，也可以舒服地坐在地上玩哦。

跟爸爸一起玩弹珠

有客人来的时候
大家也可以一起玩

餐桌跟孩子的桌子差不多高

小贴士

试着以孩子的视线高度走走看

打造孩子的房间或者思考收纳方式时，请务必以孩子的视线高度在房间里面走走看。如果宝宝还只会爬，妈妈也应该爬爬看。3岁左右的小孩子，大概是妈妈跪着爬的高度，这样能够发现危险的地方或者比较方便的高度哟！

玩扑克牌

简化玩具的收纳

观察幼儿园的玩具收纳方式后，我会把孩子们的玩具宽松地摆在架子上。这是孩子们想玩的时候，就能立即开始玩的收纳方式。我家是以幼儿园为蓝图，打造的一处孩子们也能轻松拿取的收纳空间。

用开放式柜子+收纳盒打造简单的收纳（3~5岁）

一目了然
一眼就能俯瞰所有玩具的开放式收纳

1种玩具1个盒子
装得乱乱的也没关系

没有门或盖子
一下就能拿取，方便拿出来玩

小贴士

让孩子拥有能管理的玩具量

让孩子拥有适当的玩具量是我从幼儿园学到的概念。幼儿园只是把换穿的衣服放在每个人专属的篮子里而已。让孩子拥有自己能管理的玩具量，也等于让玩具的收纳变得更简单。

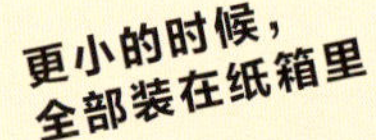

替换玩具的盒子

听到前来请教收纳意见的父母的故事，发现很多父母都是要求孩子把玩具收回原来的包装盒。其实这对孩子来说很麻烦，真的兴起“想玩”的念头时，又很难立刻从盒子里拿出来，导致孩子变得很烦燥。为了方便孩子们玩，建议把玩具收在容量较大的篮子或盒子里，而不要收回原来的包装盒内，这样玩完后才比较容易收回原处。

从包装盒里拿出来 → 放进开放式盒子里

把步骤图纸放在盒子的底层，方便玩的时候参考

积木也一样！

乐高也一样！
从包装盒里拿出来！

小贴士

琐碎的东西该如何收纳？

琐碎的文具也可以用开放式的盒子收纳。每种放在一个盒子里，就算盒子里面有点乱也没关系！

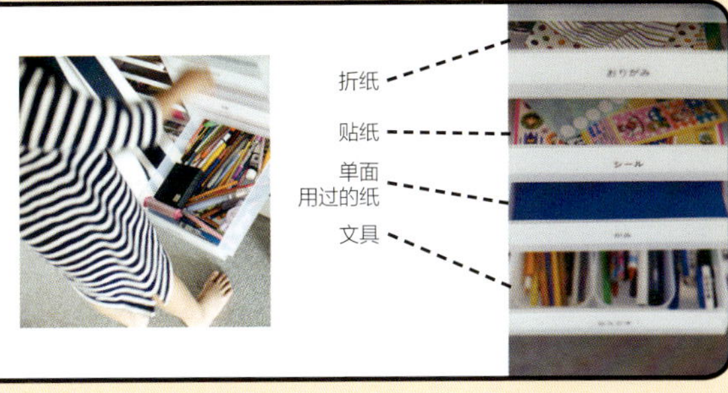

时时更换排列组合

孩子的游戏若是一成不变，或者开始吵着要新玩具，我都觉得这是要求“更换排列组合”的信号，这也是从幼儿园学来的。幼儿园每个月都会调整一次桌子与玩具的位置。即使同一个房间、同样的玩具，仅仅家具与玩具的位置改变，心情就会变得很新鲜。如此一来，有可能会想起很久没玩的玩具，也有可能看到换位置的桌子后，开始玩起过家家的游戏。对大人来说，家具换位置这件事也很新鲜。若是看腻了家具与玩具，该做的不是买新家具与新玩具，只要稍微变动现有东西的位置，就能以全新的心情对待生活。

开始了！

跟孩子一起挪动家具!

从能够轻松搬动的桌子开始!

基本模式 ▼ 面对面排列

孩子长到6岁之后，最常将桌子排成面对面的位置。这样可以看着彼此的脸玩折纸或者画画。

可以怎么变动位置呢？ ▶▶

桌子的制作方法请参考第98页

◀ 模式1

贴住墙壁

想要专心或者不想面对面的时候，可以让桌子贴住墙壁

◀ 模式2

排成L型

桌子不仅可以用来画图，也可以用来过家家。可以在L型的柜台里玩开店当老板的角色扮演。

◀ 模式3

分散在客厅与孩子的空间里

想让家具的排列焕然一新时，可将桌子分别放在客厅与孩子的空间里。

设计成移动式收纳

除了规则④介绍的开放式收纳之外，加上“移动式收纳”的设计可以让孩子玩得更丰富。孩子很少会待在同一个地方玩，有时会在这个房间玩，有时又跑到另一个房间玩。这时候如果把要玩的玩具一个个拿出来，那真的很麻烦。为了让孩子能一次性拿出整盒玩具玩，建议把每个盒子做成可移动的设计。

1 把整个装折纸的抽屉拿出来

2 搬到喜欢的地方

3 就在这里开始玩吧

玩具的收纳盒也一样

试着重新整理一次

当游戏一成不变或者孩子吵着要新玩具，又没时间重新调整家具的位置时，就先“重新整理一次吧！”一、二、三！大家一起把家具恢复原状，或者稍微变换一下造型，总之先试着重新摆放一次，全新的心情与游戏就会油然而生。大人的工作也是这样啊，把乱糟糟的桌面重新整理一下，就能以全新的角度进入工作。

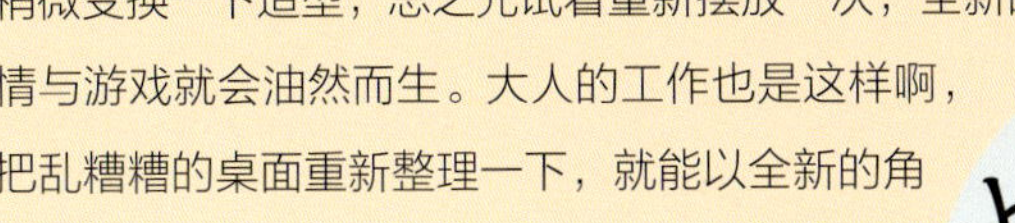

请务必试着重新摆放一次看看哦。

before

乱七八糟

after

清爽干净

我在双胞胎1岁半的时候休完产假，正式回到工作岗位。那是一个春天，如今回想起来仍然揪心的是，把双胞胎送去幼儿园后，连续好几天大哭。下班回家时，他们两个已经哭闹到没人可以控制的地步，该怎么办才好呢？为此我整整苦恼了一个月。

虽然现在孩子们已经不讨厌去幼儿园了，不过看到幼儿园院子里的樱花，还是会想起当时的事。

班级、老师、环境都发生改变的春天，对孩子们来说，除了兴奋雀跃的心情之外，还会有点不安吧。的确，每年的4月我都会放慢节奏，不仅是工作上的节奏，还有我们的生活。

为明天做准备、整理居家环境，即使做得不好也没关系！我觉得任性也是在外面很努力的证据吧？我想耐心地守护着他们。

春天，就放慢脚步吧！

专栏 2

每年4月
都是慢节奏生活

Chapter 3

依照年龄分类！平日的30分钟游戏

我家有两个孩子正在上幼儿园。回家后到就寝前的这段时间里，与孩子们接触的时间很有限。

如果不积极一点，就很可能演变成趁着做家务事的空当跟孩子们玩游戏的模式。所以有一天我决定“每天都要跟孩子们尽情玩30分钟”。

接下来就根据不同的年龄，为大家介绍我家的“30分钟游戏”。

平日的“30分钟游戏”都是这样想出来的

我在双胞胎1岁半的时候回到职场，以双薪家庭的方式度过了五年的幼儿园生活。孩子们平日去幼儿园的时间比较多，回家后就是洗澡、准备晚餐以及第二天的准备，在这忙碌的每一天里，我也曾不安地想："最近好像很少跟孩子们尽兴地玩了。"

我也有过初为人母的时光。"妈妈，一起玩！"即使听到孩子们这样的请求，我也只能边煮饭或洗衣服，边跟他们玩，害得孩子们的不满情绪越来越强烈。

某一天，突然在电视节目上看到教育专家说："跟孩子相处不一定是一整天面对面，也不一定要玩个不停，只要集中在30分钟之内，尽情地一起玩就足够了。"还记得当时听到这句话的我，心情立刻轻松了很多。

自从那天之后，即使平日还是很忙碌，我也决定"专心跟他们玩30分钟，这30分钟之内，不做家务事、不看手机，就是好好跟他们玩"！

虽然只是30分钟，却是宝贵的30分钟。效果非常明显，孩子们变得沉着许多，我的心情也变得很平稳。

本章要介绍的是，我家在不同年龄段玩的"平日30分钟游戏"。在"该玩什么才好啊？""今天该做什么呢？"的时候，可以参考本章介绍的游戏。

0~2岁的

平日30分钟游戏

在1岁左右的这个年龄，比起精心设计的游戏，孩子更容易被眼前感兴趣的事物吸引。

以我家而言，就是以“这样玩应该会很有趣”的想法，设计不用花钱却很好玩的平日30分钟游戏。

1 玩具丢成一堆的箱子

虽然是什么也听不懂的年龄，但还是可以边做示范边对他们说：“全部丢进去吧！”让他们一口气把所有玩具丢进箱子里。这样一来，整理玩具就成了游戏的一部分。

可以整个拉出来的抽屉 2

1岁正是最喜欢拉抽屉的年龄。听到“不可以拉抽屉！”的时候，他们会露出很害怕或很可怜的表情，所以我把不用叠的口水巾和毛巾放在抽屉里，将这个抽屉设计成“可以拉出来的抽屉”。

3 唱歌♪ 也是游戏

把双胞胎抱在手上的时候，用玩具玩游戏也是件很辛苦的事。这时候我会用唱歌打发时间。

4 用瓦楞纸箱玩火车过山洞的游戏

留下大型的瓦楞纸箱，当作游戏道具使用，可以玩火车过山洞的游戏。

5 修理绘本

在孩子还是小宝宝的时候，绘本经常被撕得破破烂烂的。这时候可以把撕下来的绘本碎片收集在透明档案夹里，然后问他们：“这是哪本绘本的碎片呢？”再让他们去书架把绘本拿过来，最后一起用胶带把碎片贴回去。

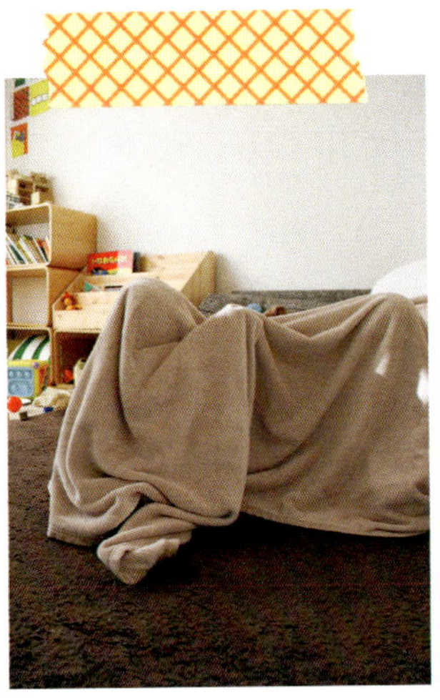

7 玩野餐角色扮演游戏

我经常在地板上铺一个野餐垫，让孩子们把食材摆在上面玩野餐的游戏。把食材装盘、摆盘，然后开心地吃掉。久而久之，他们玩得越来越像模像样，我也清楚地感受到他们的成长。

6 用毛巾玩躲猫猫游戏

看到孩子们笑得很开心，让我不禁怀疑：“一条毛巾也能这么开心？”用一条毛巾把自己盖起来，或者盖在孩子头上，然后把毛巾猛地拉下来，不同的玩法就有不同的乐趣。

8 画画

用图画纸和可以用水擦掉的蜡笔画画。如果家里有大张的模造纸，而且时间充裕，就可以尽情地在上面涂涂画画了。

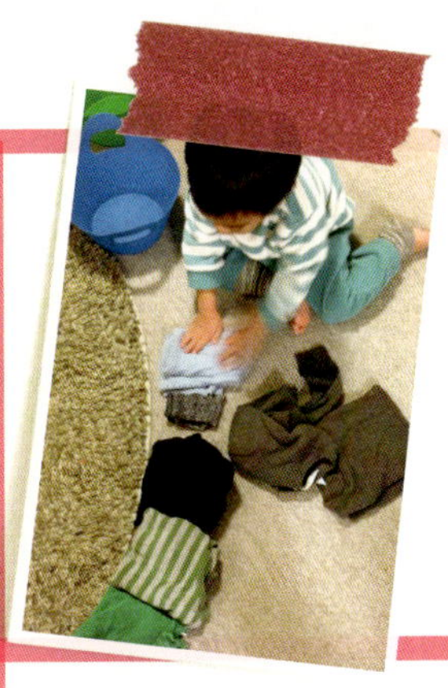

9 叠衣服

这是快到3岁的时候玩的游戏。这时候最喜欢玩把衣服一件一件叠好、排列整齐的游戏。

10 扮演妈妈的游戏

把围巾当作三角头巾，穿上围裙玩扮演妈妈的游戏。玩到最后常常变成店老板，例如把烤箱的架子换个方向变成柜台。为了不让游戏千篇一律，我家会常常改变格局哦。

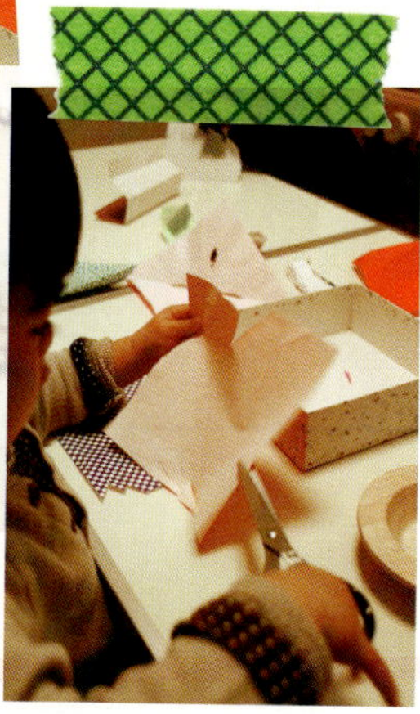

11 使用剪刀的日子

2岁半的时候，我就开始让他们拿剪刀。虽然只是在纸上或传单上乱剪一气，可都玩得很认真呢!

3~5岁的

平日30分钟游戏

这是开始有自己的想法，“想做这些事！”“想做那些事！”的年龄。在孩子开始对身边的事物有兴趣时，为了培养他们的兴趣，不妨用家里现有的东西进行游戏。孩子们现在已经会自己动脑筋玩，而不是等着我给他们设计游戏了。

1 自己动手做“大富翁”

在幼儿园玩过“大富翁”之后，回到家也想玩玩看。我略带玩心地在图画纸上画了“拥抱”“做鬼脸”这些“关卡”，之后孩子们就开始自己画其他部分。

2 用饮料瓶做人形偶

用每天喝的饮料瓶子做人形偶。

3 用折纸玩涂指甲油游戏

这是对涂指甲油有兴趣的女儿想出来的游戏。把折纸剪成指甲的形状，而我则是扮演游戏里的客人。

4 画国旗

爱踢足球的儿子看完世界杯之后，开始萌生对国外的兴趣。把世界地图贴在墙壁上，边看边用色铅笔画出各国的国旗。

5 用软球玩飞镖游戏

用软软的球玩飞镖游戏。我们在墙壁上贴数字，比赛谁的分数高。

6 整理玩具

咦？这也算游戏？可能有人会有这种疑问，不过这的确是游戏哦！将两个玩具盒翻过来，写上"需要／不需要""是姐姐的东西还是弟弟的？""非常喜欢的东西/可以让给表兄弟的东西？"对每一个玩具想这些问题。只要30分钟，就足以整理好玩具盒。

1 把所有东西倒出来

2 选择需要的东西

3 完成！不要的东西放在"送给别人"的盒子

7 玩保龄球游戏

我们把空瓶子堆起来玩保龄球！孩子们从电视节目知道有保龄球游戏后，就模仿起这个游戏。

8 用黏土扮演甜甜圈店老板

便利商店买来的各色超轻黏土充分派上用场！把各色黏土混合后，做成甜甜圈。把甜甜圈摆好，拿着夹子扮演甜甜圈店老板的角色。

9 扮演按摩店老板

“我想要按摩。”孩子们6岁之后，比较喜欢按摩，而不是讨抱抱。我虽然觉得比较轻松，却也有点落寞。儿子跟女儿会轮流当客人，有时候会做全身按摩。

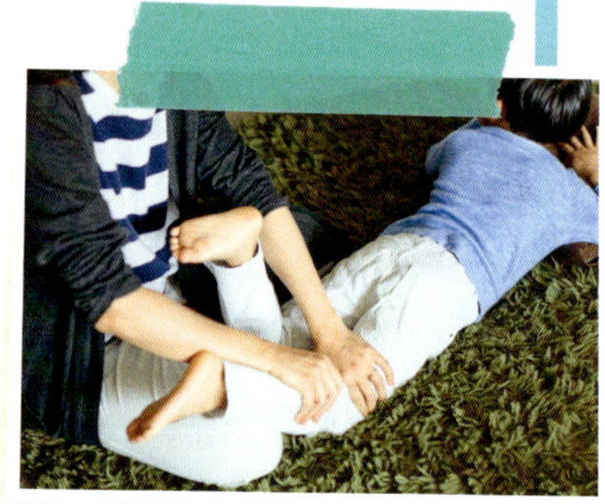

10 动手画画看

孩子们说“想要画画”时，如果家里没有绘本，可以用电脑搜寻图片，打印下来当范本来画。

11 切晚餐的食材

我在孩子生日的时候，送了儿童专用菜刀，做晚餐的时候，偶尔会让他们担任切食材的工作。如果哪天没有力气玩游戏，会把做晚餐这件事当成30分钟游戏来玩。

12 杂志的剪剪贴贴

这是第21页介绍的剪剪贴贴游戏。把一本杂志交给女儿后，就会做成这样的剪贴簿！真是精彩万分呢。

13 用报纸做垃圾桶

除了折纸之外，我们还升级用报纸叠垃圾桶。这是我的妈妈教我的，之后就换成是女儿的小任务了。在游戏里做的东西能在生活中实用，会让她觉得很开心。每一次都会叮嘱我："毛豆的豆荚，还有橘子皮，都要丢在这里面哦。"

话题 1

我家挑选绘本和玩具的方法

就算平日没时间为孩子们慢慢地读绘本，睡觉前至少也要读一本。这就是我家的规则。下面就为大家介绍一些值得回味的绘本吧！

《饿肚子的青虫》
（德）Eric Carle / 著
（日）mori hisasi / 译
日本偕成社
介绍这本书的时候，孩子们把手插入绘本里的小洞玩游戏的情景又在脑海里浮现了！

《mokomokomoko》（噗~噗~噗~）
（日）谷川俊太郎 / 著
元永定正 / 插图
日本文研出版
大口咬！孩子总是被“噗~噗~噗~”这不可思议的拟声词吸引，很感谢这本绘本陪伴我们那么久的时间。

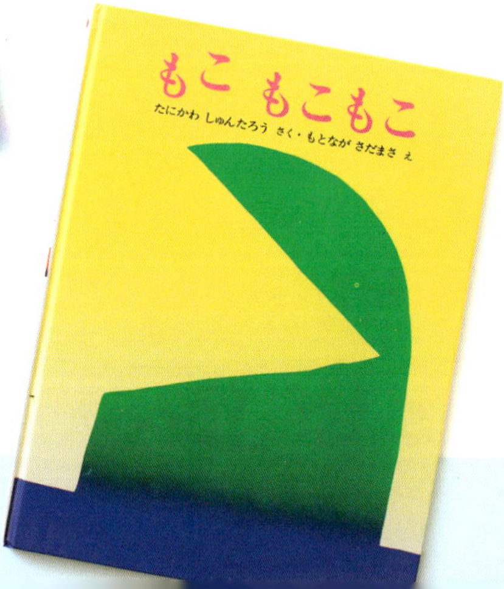

《歌绘本》
（日）土田义晴 / 绘
日本g-mama社
书里有很多童谣，可以跟孩子们一起吟唱。

《形形色色的颜色书》
（法）Herv'e Tullet / 著
（日）谷川俊太郎 / 译
日本Poplar社
这些颜色混合后是什么颜色呢？跃动感十足的呈现方式，让大人也深深着迷！

《圆圆的、圆圆的书》
（法）Herv'e Tullet / 著
（日）谷川俊太郎 / 译
日本Poplar社
与其说是读本，更像是一本游戏书！按了圆形后，就会摇摇晃晃地动起来！是一本睡觉之前读，会让他们很欢喜的书！

《河马能干啥》
（美）Mike Thaler / 著
（美）Robert Grossman / 绘
（日）今江祥智 / 译
日本偕成社
这是用日本关西音调读的书，让人觉得很容易亲近，也是一本让身为母亲的我觉得很疗愈的书。

《小金鱼逃跑了》
（日）五味太郎 / 著
日本福音馆书店
这是孩子2岁时最喜欢的一本书。“金鱼在这里！”看到孩子们用手指出金鱼的藏身之处时，我真的觉得孩子是天才！真的好怀念那段时光啊。

《乌鸦面包店老板》
（日）加古里子 / 著
日本偕成社
是我们超喜欢的一本书。不知道为什么，孩子看到有很多面包的页面时，就会开心地大笑！

容易拿取与收纳

绘本的收纳
我们把绘本收在客厅的家庭图书馆里。放在很容易拉出来的抽屉里，避免整个倒下来。

《动物的脚印图鉴》
（日）加藤由子／著
（日）Hisakunihiko／绘
（日）中川志郎／监修
日本岩崎书店
可以看到实际尺寸的动物脚印！可以了解动物的习性，建议去动物园之前先读一下这本书！

《我是小龙虾》
（日）武田正伦／监修
（日）饭村茂树、片野隆司／摄影
日本Hisakata Child
可以看到实物大小、超有震撼力的龙虾，是儿子超爱的一本书。

《大家的表情》
（日）佐藤akira／摄影
（日）户田杏子／文
日本福音馆书店
这本书告诉我们，动物跟人一样，也有不同的表情。我们在书里看到了酷酷的猩猩！

好想赶快读啊！

《来自窗外的礼物》
（日）五味太郎／著
日本偕成社
五味太郎的绘本总是让我读得很快乐。我超喜欢这本书的笑点！

《第一次帮忙跑腿》
（日）筒井赖子／著
（日）林明子／绘
日本福音馆书店
这是我的祖母常为我读的书。这次轮到女儿超爱这本书了。

我家买玩具的规矩

我家一年只为孩子买两次他们喜欢的玩具，分别是在生日和圣诞节时候买。
除此之外，几乎不太花钱买玩具
我们选的都是“能变成其他形状”的玩具。
像是积木可以堆成蛋糕，围巾可以做成背巾或者包包！
我觉得在孩子们长大成人之后也会需要这种激发创意的脑力。

塑料瓶
可以当成保龄球的瓶子或者乐器，切开后还能当成笔筒。

弹珠
可以当成过家家的食材，也可以在地上滚来滚去地玩，玩法很多哟！

超轻黏土
里面有很多种颜色的黏土，可以在玩过家家的时候捏成食材，也可以黏成动物。

方巾
可以当成背巾、包包或者头巾使用。收纳时不会占太多空间也是魅力之一！

乐高
可以拼出房子、人偶、恐龙等各种东西。

积木
可以在玩过家家的时候堆成蛋糕，有时候还可以变身成家具！

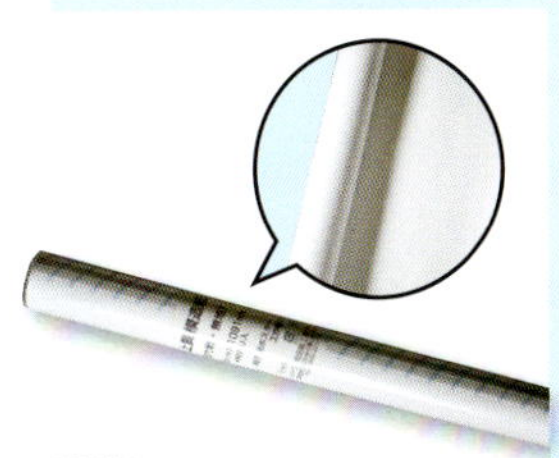

模造纸
画大张的画或者设计海报时，非常方便使用。

瓦楞纸箱
可以打造自己的家，也可以当成人偶的家或者电脑。充分发挥想象力！

包装材料
可以用来打包行李里的东西，还可以当作游戏的材料使用！

当然也有这些玩具哟！

专栏 3

游戏的启蒙者是祖母

每当我回想起小时候，都记得祖母随时陪在我身边这件事。父母很忙时，祖母总是代替他们，陪我玩过家家、翻花绳，读绘本给我听，教会我许多游戏。

现在回想起来，告诉我“某个东西加工一下就可以玩”这件事的就是祖母。在事务所的长板凳等父母下班时，祖母会和我玩“小Emi，找找写着○○的字在哪？”这个寻找事务所里的文字的游戏。“找到了！就在那！”

折纸飞机的时候也一样，我们不是只让纸飞机飞，还会在每个纸飞机上标上号码，记录哪个纸飞机飞得最远。不管什么游戏，都不只是“普通地玩”，而是“花点心思变得更有趣”。

生了双胞胎之后，我秉承了祖母的游戏方式，那就是不花钱，用手边现有的东西做出好玩的游戏。

我一直把“既然要玩，就要好好玩！”作为原则，希望能愉快地享受带孩子的乐趣。

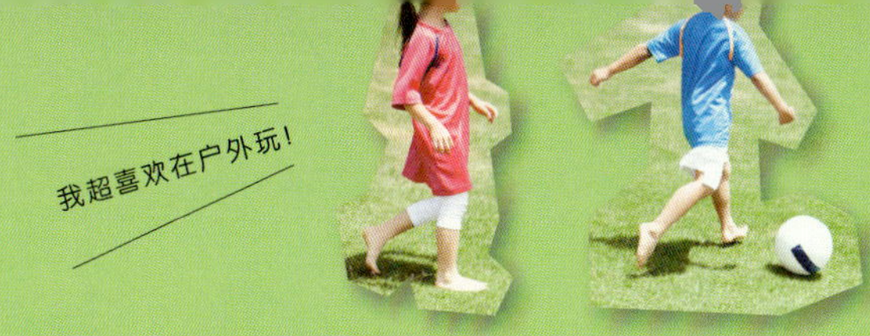

Chapter 4

让周末的游戏变得更有趣!

平日没时间慢慢玩,
所以周末要玩得尽兴!
周末一早就去公园,晚上再跟朋友一家人吃饭。
这样大人和孩子都能玩到!
话说回来,可别太刻意、太勉强玩哦。
这一章要介绍很多不花钱,
用一些旧东西就能跟孩子一起玩得很开心的创意。

周末游戏！基本的用心与巧思

在平日的时候，父母和孩子都因为工作和上幼儿园忙得不可开交，所以记得要在周末让心情焕然一新哦！孩子们可是一转眼就长大了。

接下来就为大家介绍，不太刻意却很好玩的周末游戏。

1 做大人也觉得很快乐的事

配合孩子，做孩子想做的事，这当然很重要。但是，不刻意配合孩子，做一些大人也觉得开心的事，大人才能乐在其中，而且这样的情绪也会让孩子感受到快乐的氛围。

2 简单的行李让脚步更轻快

要出门啦！但是如果花太多时间准备，带着一大堆行李，害得自己累个半死！大家有过类似的经验吧？所以出门时，尽可能减少行李，让自己走得轻松一点，才能尽情地享受出门游玩的心情。

3 享受野餐

突如其来的大雨让一切没办法按预期进行，诸如此类，生活中总是会发生令人措手不及的事情。让我们换个心情，想想看怎样能够玩得开心吧。在家进行野餐怎么样？

4 适当的休息

周末玩得太尽兴，平日的心情就会很低落哦，这可就本末倒置了。周日的下午可以稍微休息一下，准备迎接即将到来的新一周。

不需要专门的道具也能玩

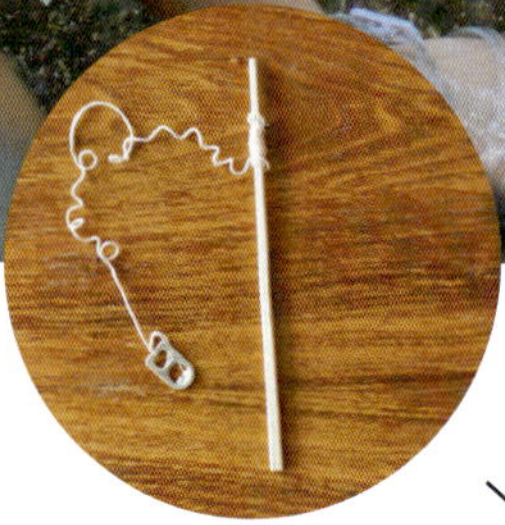

用现有的东西做！

使用免洗筷、缝衣线、拉环这些现成的东西做钓竿，然后在上面挂上饵料，就能钓到很多螃蟹！

螃蟹在吗？

“我想去钓螃蟹！”某一天，我家儿子突然这么说，原因好像是听到幼儿园小朋友去钓过螃蟹。老公立刻用家里现成的东西制作螃蟹钓具。用免洗筷、缝衣线、易拉罐的拉环就做成了简易的钓竿！这方面我还真是佩服。重点是螃蟹大丰收！我们全家都很喜欢那里，每年会去好几次。由于每次都能钓到很多螃蟹，所以有很多不认识的孩子和大人都围过来让我们传授秘诀，或者跟我们要钓螃蟹的饵料，我们也会收到甜点和果汁作为回礼！

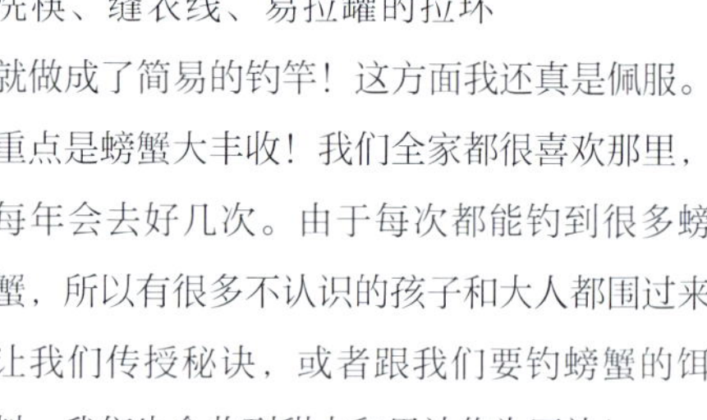

顺带一提，我们家就算钓到很多螃蟹，也会在回家时把它们放回大海，这是我们家的原则。

钓到很多哟！

自己做信封

我家堆了很多孩子们画的画，丢掉觉得可惜，但堆在角落也不是办法。这时候，我们把画裁成信封的形状，开始制作手工信封！这些信封可以寄给爷爷、奶奶还有朋友们。

1 画画

2 裁成信封的形状再开始叠

3 涂上胶水就完成了

在孩子们画的画上动点巧思

制作马克杯

我试着把孩子们画得还不错的画印在马克杯上。孩子们看到自己的画成形，真的好开心！现在这两个马克杯当作笔筒使用。

把图画处理一下，变成杯子上的印花。

偶尔盛装打扮出门

我们的结婚纪念日、祖父母的生日派对等，我们家总是会在值得庆祝的日子里，把自己打扮得美美的去饭店吃午餐。比起晚餐，饭店的午餐更划算，孩子们也不会因为困而哭闹。

孩子们跟我们一样，都很喜欢热闹的餐厅，但有时服装仪表也是很重要的。如果穿上适当的服装去用餐，或者静静地享受美食，体验用餐的乐趣，那真是太棒了！

话说回来，孩子们不知道什么时候会突然哭闹，所以我们总是预约上午开店没多久或者超过午餐时段的时间，总之就是避开就餐高峰，尽量避免对其他客人造成不便。

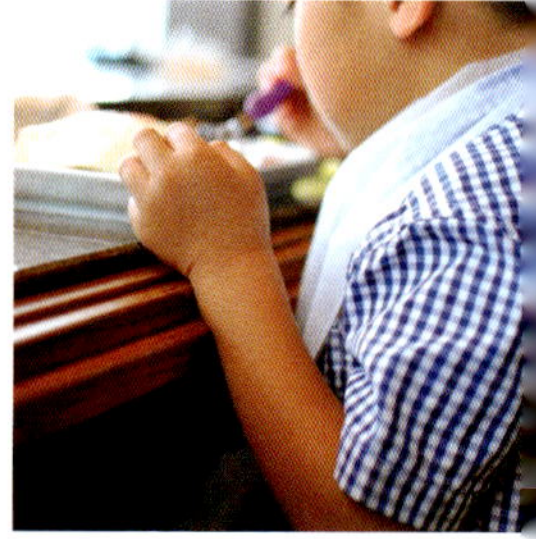

无需另外购买外出的服装
把日常穿着加点小巧思就可以出门

去饭店吃午餐时

Boy
平日
盛装打扮
平日
Girl
加上
帽子和外套

请朋友来家里玩的时候

Boy
平日
加上小配饰
平日
Girl
盛装打扮
加件衬衫

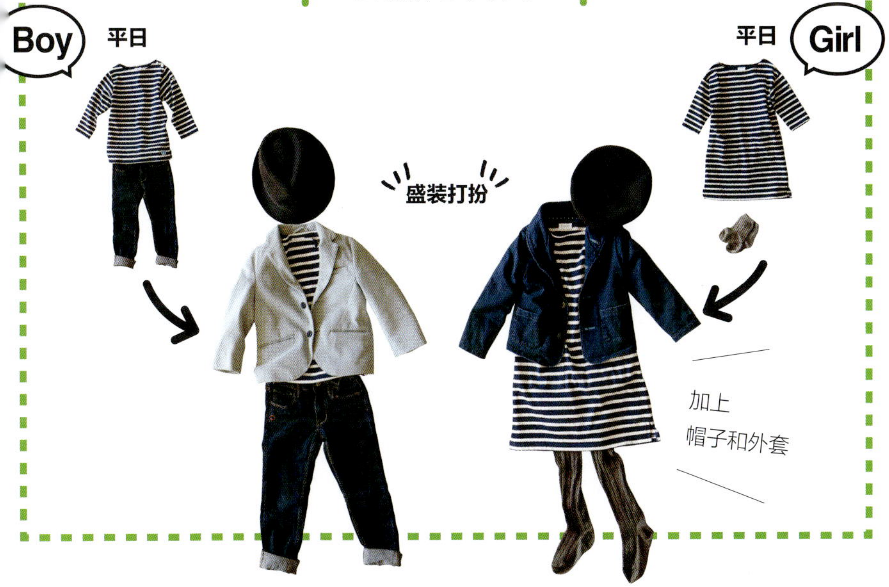

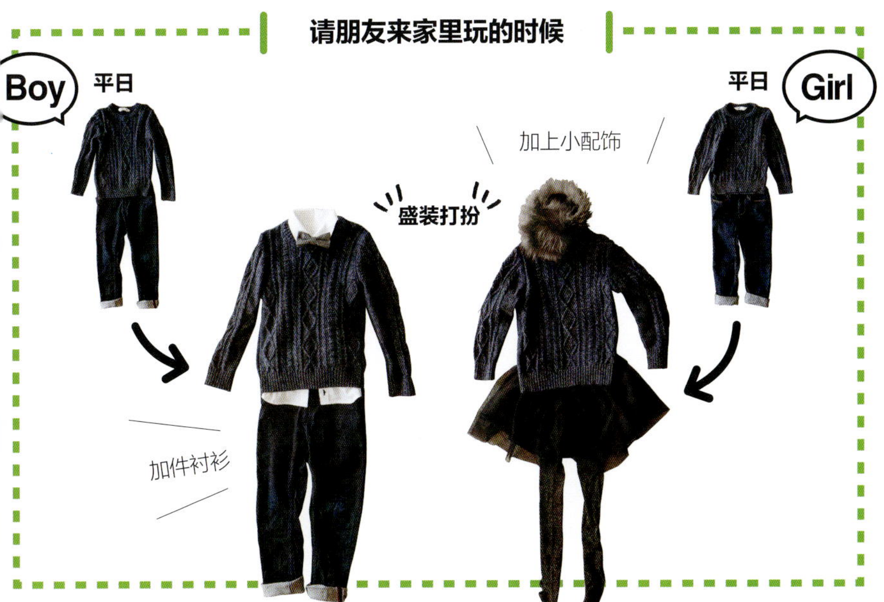

不刻意设计的户外活动

我家是普通的三居室，既没有壁橱，也没有储藏室，没有能收纳户外活动设备的场所，因此所有的户外活动设备都是租用，只准备燃气炉这类简易的设备，可以说我家是“随性的户外活动派”。

即使没准备像样的户外设备，全家还是能在晴朗的蓝天下，享受在户外用餐的乐趣！这才是我们的目的。现在孩子们还小，要收拾一大堆行李是件很麻烦的事，与其如此，我们觉得不刻意准备的户外活动才是最佳选择。总之带在身上的行李少一点，快乐就能多一点！

尽可能减少携带的行李

最低程度的必需品

- □ 塑料袋（装食材）
- □ 厨房剪刀
  （孩子也能安全地使用，可以用来剪食材）
- □ 简易版烧烤燃气炉
- □ 打火机
- □ 纸盘、筷子
  （带有分格，味道不会混在一起）
- □ 桌子
- □ 食材
  （肉的量大概是100g / 人）
- □ 垃圾袋
- □ 饮料
- □ 野餐垫
- □ 水（洗菜、洗手）
- □ 保冷袋
- □ 湿纸巾

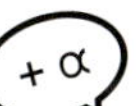

其他提供便利的东西

- □ 音响
- □ 吊旗
  （远远的也能看见，很适合作为广场的标志）
- □ 油性笔
  （可在纸盘和饮料瓶上写字）
- □ 胶带（可用来粘住垃圾袋的袋口）
- □ 椅子
- □ 阳伞
- □ 篮子（塑料篮子，很轻，容量也很大）

准备篇

场所

嘿呦
嘿呦

把吊旗挂起来

垃圾桶放在大家都看得到的地方

在放行李的篮子上套上塑料袋，当成临时垃圾桶使用！使用瓦楞纸箱也可以

使用一次性的烧烤炉

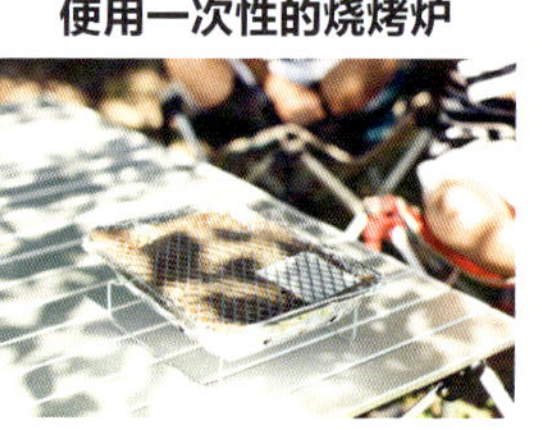

在盘子边写上名字

*烧烤前请先确认该区域是否允许。

准备篇

食物

将小黄瓜放在塑料袋里，
倒入酸橘醋揉一揉

小黄瓜和香菇都用厨房剪刀
剪成块状

各种表情真可爱

用保鲜膜包住饭团，
并在上面画可爱的表情

带一桶水，方便洗
手、洗菜。

耶
一起开动吧!

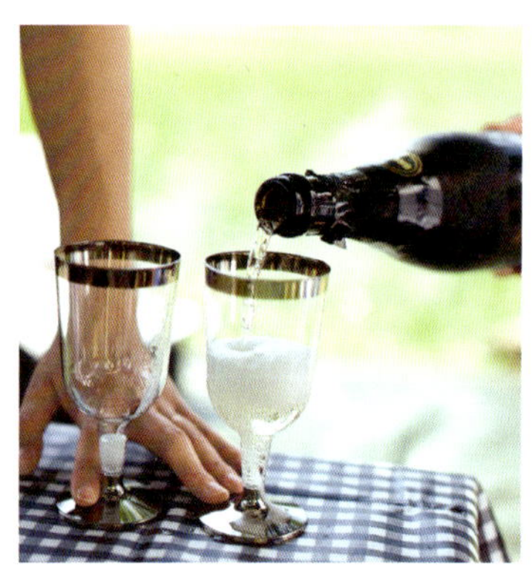

塑料制红酒杯

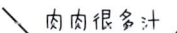

杯子可以叠在一起收纳

先冷藏

肉肉很多汁

分格的纸盘很好用

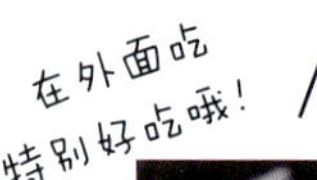

耶
一起玩吧！
在草坡上滑行吧！
有没有四叶的
幸运草呢？
有很多可爱
的花！
还有爆米花可以吃！
摘花

话题2

旅行的行李该如何准备?

孩子还小的时候，行李应该尽可能轻便。

我家为了旅行时轻松、回家时方便，就花了不少功夫减轻行李的负担。接下来为大家介绍开车以及搭乘火车这两种旅行的行李准备方式。

模式1
2天1夜
汽车之旅

回老家或小木屋之旅这种开车的旅行大概只准备这点东西。

将各自的衣服装进洗衣袋里

可以提着走哦

将衣服按类别放入收纳袋里，再放入车子后备箱堆好。到了住宿地点后，将这个容器清空，立刻就变成脏衣篮！大家可以把脏衣服丢在里面，回家后可以直接拿去清洗。

模式2
3天2夜
火车之旅

若是搭乘火车或飞机的旅行，
会利用下列巧思尽可能减少行李。

严选替换的衣服，再将每个人的衣服装在不同的袋子里

将衣服快递到住宿地点！回家时也是以同样的方式包装好寄回家。

番外篇

出国旅行时的行李箱都是租的，这样不会占用家里的收纳空间。

全家族聚在一起的时候，大人想慢慢吃顿饭，也想跟其他家人多聊聊天！这时候不妨请孩子扮演店老板。准备专门的招牌或者请孩子们自己准备方便的矮桌，就能扮演店老板。

如果一大群人去到店里，很难悠闲地聊天，时间也不充裕，但是在家里的话，就会很自在！

夏季庆典以及一整年都能扮演的章鱼烧老板游戏，孩子们玩得很兴奋，在一旁看的大人也觉得很有趣。

准备一张矮桌，才方便扮演店老板

玩扮演店老板的游戏

章鱼烧老板

我在纸上写了“章鱼烧”后，孩子们将它当成招牌贴起来。朋友们来的时候，大家会一起开心地烤章鱼烧。我跟孩子们定好两个约定，一个是铁板很烫，不能摸；另一个是不能挥舞竹签。

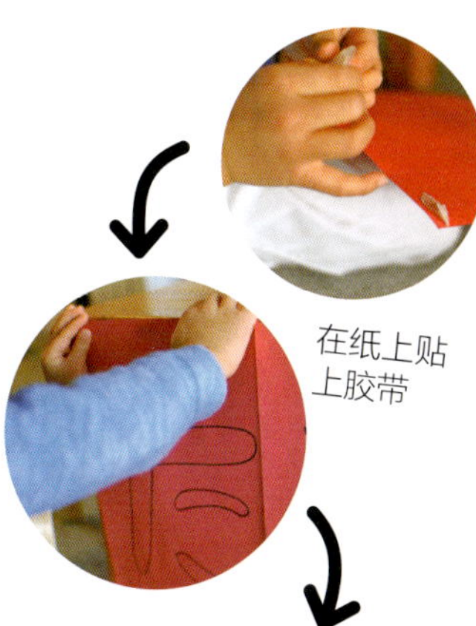

在纸上贴上胶带

然有点烤焦，是自己做的最吃

招牌完成了

在家举办夏季庆典

在家就可以举办夏季庆典！在阳台放个塑料充气泳池，当作捞球游戏的容器。有人扮演刨冰店老板，大家都穿着浴衣一起参加夏季庆典。

我捞到好多！

在阳台摆放塑料充气泳池，当作捞球游戏的容器

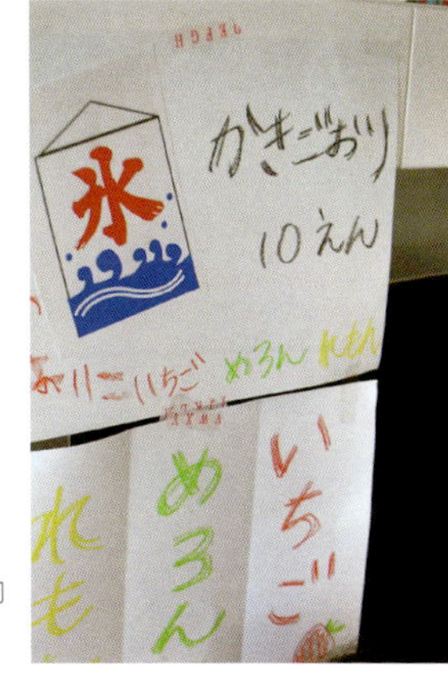

招牌也是孩子们自己做的

什么都有自己的名字，让人很兴奋！

我家所有的东西都有自己的名字。不知道是从什么时候开始的，小汽车叫作“小玉”，客厅里的大型观叶植叫作“小木”和“小海带芽”。

一旦给东西命名后，我们大家都会很爱护它们。话说回来，我家的收纳场所也有“情报站”和“随身物品柜”这种全家都喜欢的名字。

除了家里的东西之外，我还跟我的父亲说，要不要给休闲时耕种的田地也取个名字呢？我的父亲跟我说：“我们种这块田的时候，希望能够不违背大自然，并且基于感恩大自然的心情种植无农药的蔬菜。”于是我们就取了“39(音同英文thank you)Farm.”这个名字。

这块田地再也不只是一块田地，而是“39Farm.”。虽然不是一家店，也不是什么特别的地方，但光是命名就让人很兴奋。

连信箱都贴了

我就是观叶植物“小木”哦

用田里的水果做的果酱也标了品牌名称

光是塞进箱子就感觉不错

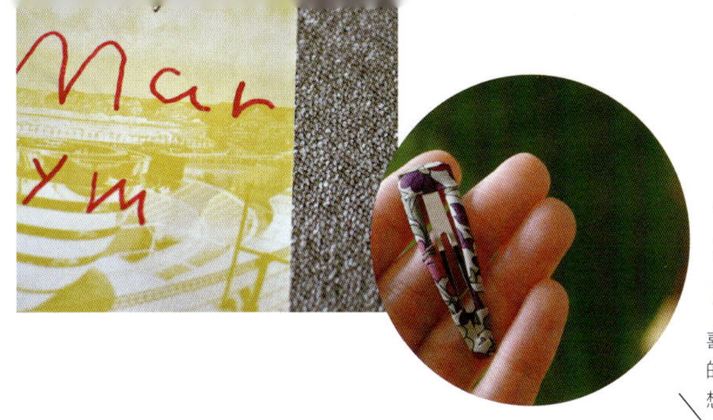

女儿想的品牌名称是

marry.m

喜欢动手制作东西的女儿模仿我的品牌OURHOME（我们的家）想出这个名字

替家里的空间命名

“放在洗脸台旁边的收纳柜，从上面数第三层”，与其形容得如此复杂，说成“放在随身物品柜”更简单易懂，而且全家都能使用这个名字！

“家庭图书馆”

孩子们的绘本、DVD以及大人的书、杂志、平板电脑全都收纳在这里。全家的相簿也摆在这里，随时都可以拿出来看。

“随身物品柜”

把洗脸台的一个角落当成孩子们放置随身物品的专区。贴身衣物以及去幼儿园用到的东西全都放在这里。

“情报站”

生活所需的物品全都收在这里统一管理。

话题3

周末与友人一起去小木屋旅行吧！

11:00

集合

在小木屋附近的公园集合。午餐就去当地的披萨店买外带披萨。

公共钱袋

12:00

大家一起去买食物

公共钱袋真的很方便，里面放的是每家出的同份额的钱。食材费等费用都是从这里面支出。

春天和秋天，我们一年会安排两三次与朋友全家一起去小木屋旅行。有时是两个家庭一起去，有时会更多人一起去。小朋友第一次去小木屋时是1岁左右。与露营的差异在于，小木屋有浴室也有厕所，带着孩子去玩很轻松，这点真的很令人安心。

大人们在蓝天下烧烤，孩子们在草地上尽情地玩。孩子们都睡着后，大人们就可以聊聊工作的事、孩子的事以及未来的事，聊到三更半夜，让自己充分放松！轻松的小木屋之旅真的很值得推荐。

除虫

14:00

Check In

在烧烤开始之前，先踢踢足球，或者喝着啤酒聊聊天。有时候大人也可以爬爬树！

放风筝

子想赶快开动啊

16:00

开始烧烤

自备了烧烤炉

朋友换工作时，我们举办了“跳槽庆祝会”。与孩子们一起把写着庆祝文字的纸张挂在树上。

有时候庆祝生日

春天和秋天就举办大扫除运动会吧

前著《整理教育开始了》中提到，我家每年会有两次大扫除运动会，分别是在春天和秋天。

所谓大扫除运动会就是把家里的东西整理出要或者不要的两类，然后把不要的东西送去资源回收中心或者垃圾处理场。

我们不是趁着孩子不在的时候偷偷大扫除，而是周末与孩子们一起做。话说回来，孩子还小的时候，没办法长时间专心做一件事，所以每次限定只做30分钟！

到了6岁之后，早上2个小时就能完成大扫除，然后把垃圾送到事前预约的资源回收中心。只要预约好，就不用再想“什么时候要大扫除”，而是全家就在预约那天一起努力打扫。我一个人打扫会很辛苦，所以依照惯例，当然要让大扫除变成游戏的一环。

大扫除运动会 其一

从玩具开始整理

全部拿出来
该怎么办呢？
这个能用到
这个用不到
结束了

小贴士

用计时器计时

孩子还小的时候，只能坚持30分钟！若是用计时器计时，会做得更加起劲！

Let's Go! 一起去资源回收中心

大扫除运动会结束后，如果整理出一些不需要的东西，可以拿到回收站卖掉，卖剩的就送到资源回收中心。

1 将不需要的东西堆进车里

2 到达资源回收中心

3 自己报废垃圾

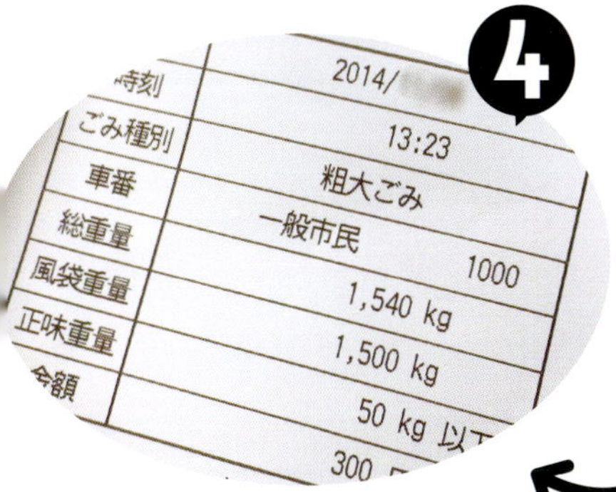

4 明细表

小贴士

举办跳蚤市场

跳蚤市场很有趣。对于孩子来说，能实际完成买卖这点是很棒的体验。如果周边社区没有跳蚤市场，可以与朋友、邻居一起组织看看。

不勉强举办季节性的活动

新年

把买回来的粗麻绳加点装饰。我们用花环和铁丝进行装饰，花了一些心思设计。

盂兰盆节

爸爸戴上面具，扮成爸爸鬼！

女儿节

在原本摆设杂货的工作桌上摆放雏人偶。我们都是与孩子们一起摆设。

新年、盂兰盆节、女儿节、七夕等，这些原本只有夫妇两个人就不感兴趣的节日，也因为孩子出生后变得有趣。尽管很想为孩子们好好庆祝，但无法每个节都过也是现状。

不过，就算不够豪华、完美，我们还是尽量在能力范围内，让孩子感受到季节的变迁。

七夕

七夕也是夫妻许愿的节日。没有准备竹叶时，我们就把写有愿望的小纸条挂在观叶植物上。

圣诞节

每年圣诞树的装饰都由孩子们负责。3岁的时候只能够到下半部分，今年连上半部分都能装饰了！孩子们真的长大了。

手工制作的圣诞节蛋糕虽然外观不怎么样，但是充满了孩子们的热情！

小贴士

季节性的装饰品都收在哪里？

我们家收在了寝室的衣柜里。因为家里没有壁橱，所以都收纳在这里了。

话题4

让游戏变成习惯
一起制订全年的行程表吧!

我家一整年的活动都简化成固定的行程。若是到了周末才想要玩什么、跟谁玩，周末就会在计划中无声无息地结束，这可是很凄凉的哦。若能先大概安排全年的行程，并且事先预约，就不用一直想要玩什么，而且能玩得更轻松尽兴。

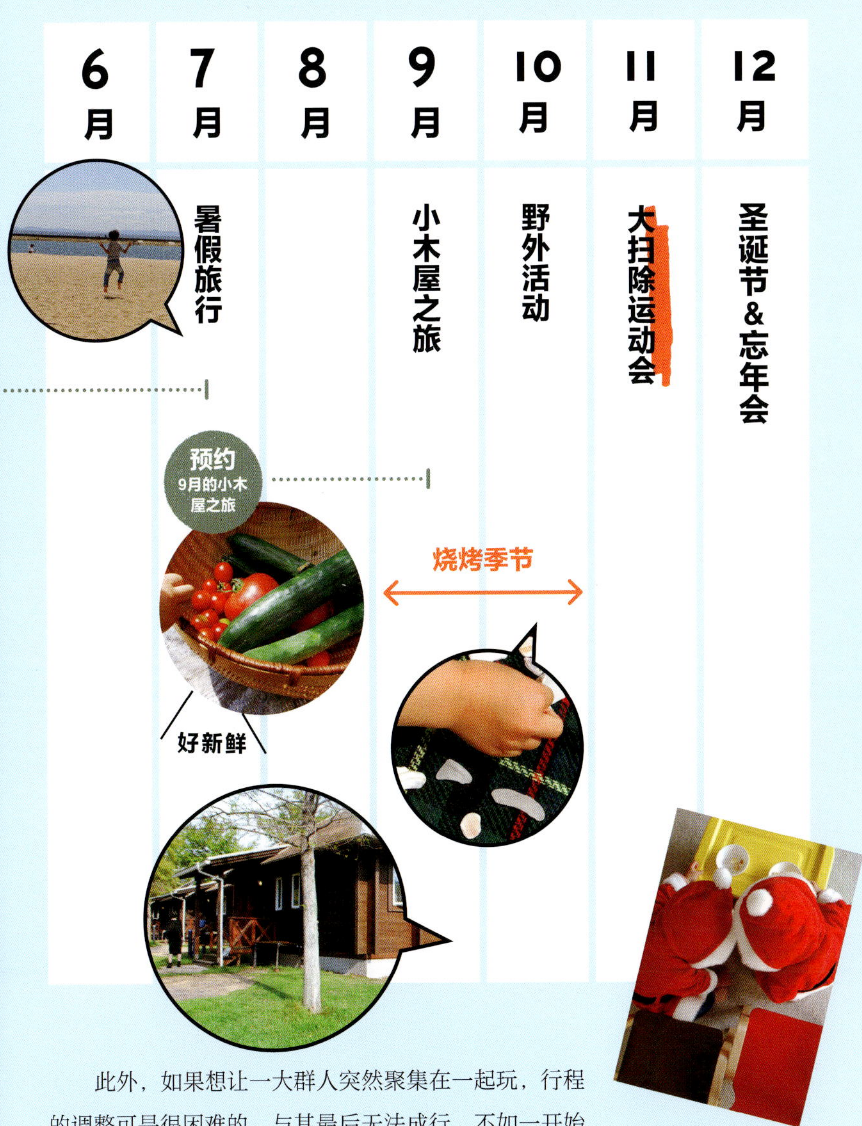

此外，如果想让一大群人突然聚集在一起玩，行程的调整可是很困难的。与其最后无法成行，不如一开始就先粗略地决定日期。我家每年的1月2日都是○○团体的新年会，4月的第2周都是△△团体的赏花日，12月30日则是□□的忘年会，每年的聚会都是同样的日期，所以大家都能把事情排开，聚在一起。

顺带一提，我们大概每一个半月就回两个人的老家一次，住一个晚上。

孩子
也放松

有时候
不妨慢下来生活

我们虽然周末经常出门，但有时候也会什么都不安排，悠闲地度过一整天。

吃饼干、喝啤酒，孩子们喝果汁，然后躺在沙发上看电视，总之有时候就是会这样什么也不做。觉得疲劳的时候，不需要太勉强，让自己轻松点。我是那种一不小心就会让自己忙过头的人，所以才会格外注重生活的张弛。

轻轻松松
优哉游哉

大人
也放松

简单！
生日庆祝的装饰

我每年都想为孩子们的生日好好庆祝，但是要准备一堆东西，实在很不容易。

6岁生日的前一天，工作忙到我们都没有时间准备。正在烦恼该怎么办才好的时候，老公忽然想到把不需要的杂志页面撕成小块，在墙上贴成“6”这个数字。虽然制作成本很低，但效果很震撼，图片也很吸睛！这实在是非常棒的创意。

母亲的生日时，我们也依样使用稍微漂亮一点的图画纸贴了“60”这个数字，而且这次是孩子们贴的。

活动虽然重要，但不要太过刻意，而且要乐在其中才好。

母亲的生日庆祝会

轮到我的生日时，老公跟孩子们也贴了漂亮的装饰

客厅的家庭图书馆

为了随时能拿出来看，我们把相簿放在孩子们触手可及的客厅里。

话题5

我家孩子的照片整理

7年前，知道自己要生双胞胎的时候，为了能轻松而持之以恒地整理照片，我决定全家一年只做一本“纪念相簿”。

孩子们的照片真的很可爱，让我每张都想冲洗出来，但最后还是把所有照片整理一遍，做成一本方便回顾的相簿！

为了能轻松而持续地整理照片，我觉得整理方法越简单越好。我家孩子有时候会把相簿抽出来，回顾自己小时候的时光，每当看到这幅光景时，都会让我觉得：“把做相簿这件事坚持下去真是太棒了。”

“去年这个时候去了哪里呢？”想要如此回顾时，相簿就派上用场了。在安排游玩的行程时，相簿也起到了很大的作用。

要不要试着将家人平日轻松自在的身影，以及周末快乐的回忆，永远留存下来呢？

让孩子们拿着相机拍照，常常可以拍到意想不到的照片哦！

\简单，所以能持之以恒/

整理照片的“基本原则”

全家一年只做一本

若是给姐弟两人各做一本，难度就会增加，所以以全家一年只做一本为原则。

2

每个跨页收藏一个月的照片

为了能在每个跨页里塞入一个月的照片，必须严选照片。若是有活动或旅行，则可临时增加成两个跨页。

3

左上角塞入育儿日记卡片

每天写育儿日记很麻烦，所以我每个月会在小卡片里记录育儿日记。

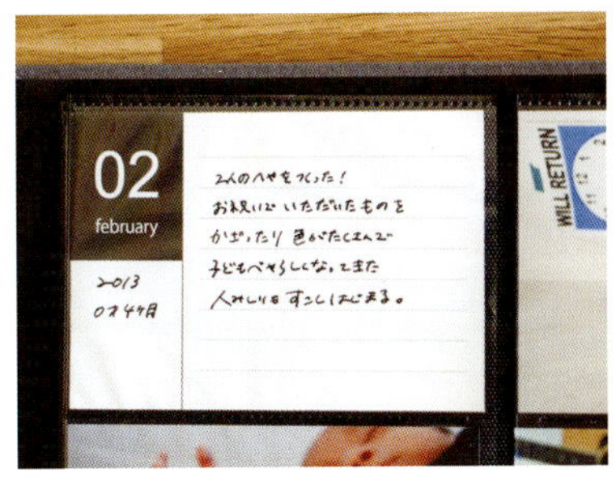

\这些东西也会放进相簿哦/

红叶

孩子们会把漂亮的红叶捡回家。做成压花也很可爱呢

J联盟（日本职业足球联赛）的观赛门票

我们全家去为J联盟（日本职业足球联赛）加油的门票也会放入相簿

专栏 4

为旅行订下目标

双胞胎还在肚子里的时候，我们知道之后很长时间没办法去旅行，所以夫妻俩去旅行了一次。

旅行的目的是为了“在放松的空间里，思考双胞胎的名字”。既然要旅行，就该有主题。

我们这次去的旅馆，后来又去了很多次。当时告诉老板我们怀了双胞胎时，老板似乎已经看到了孩子们，说：“好可爱啊！”多数人听到我怀了双胞胎都会说：“接下来会很辛苦哦！”“什么时候住院？”等，在一片担心之中，这句“好可爱啊”是一句令人开心又振奋的赞美。

旅行时，我们两个为了孩子们的名字绞尽脑汁，最后终于想到了别出心裁的名字。

为旅行订下目标虽然是在这时候想到的，但从那次之后却成为惯例，后来我们旅行时，常会订出“思考一整年的抱负”“今年想跟孩子们一起做的事”这类主题。

在忙碌的每天里，没机会仔细想，没时间沟通的事，或者一直拖着没去做的事，都有机会在旅行中进行梳理。这就是我家的惯例。

Chapter 5

与孩子们一起DIY！

擦拭擦拭

虽然不是真正的DIY，只是为了让他们从小就体会动手做东西的乐趣，我会带着他们一起DIY。

接下来为大家介绍我家的DIY原则，还会介绍很棒的用具以及孩子也能轻松完成的创意。

与孩子们一起DIY!

想要新家具的时候，如果不是“立刻去买！”

而是自己加工现有的东西，做成方便使用

而且具有原创设计的家具，那真的是非常棒的一件事哦。

话说回来，太过正式的家具自己做很困难，而且很花时间，

也就没办法跟孩子们一起做。

跟孩子一起，就做一些不太难的DIY吧！

接下来为大家介绍一些我家的基本原则。

基本原则

1 不追求所谓的“完美”

可能会有尺寸不合、颜色误差的问题，跟孩子一起做，实在没办法做得像市场上卖的一样。我家追求的不是完美，而是与孩子一起动手做的快乐时光。

2 随性的DIY也很棒

自己用锯子锯木头，从零开始做，实在很辛苦哦。我家会把裁切木头的工作全部交给专业的木工师傅处理。切好后，带回家里跟孩子一起组装或者涂颜色。

3 尽可能挑选孩子也能使用的工具

不要选择太复杂的工具，方便孩子操作。

4 失败之后重做就好

一起思考、一起制作，如果失败了，就努力想办法。虽然直接买现成的比较省事，但我希望孩子们从动手制作的过程中体会其中的乐趣。失败的时候，不要气馁，重做就好。这次不行，下次再做也可以，保持如此轻松的心情开始吧！

什么时候开始DIY？

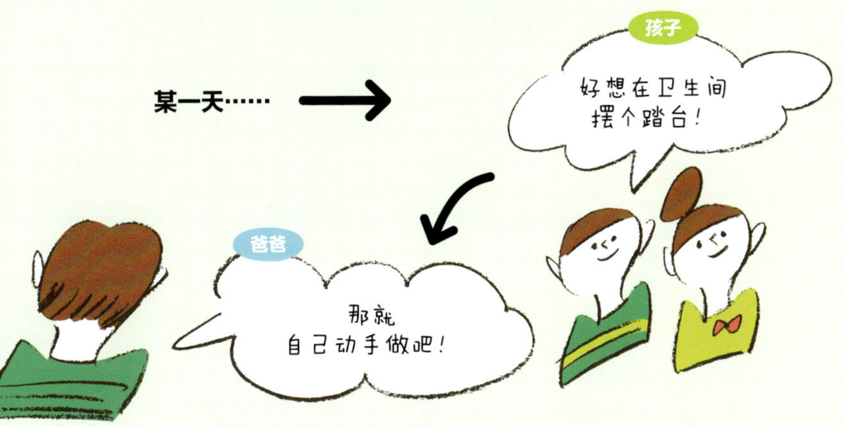

孩子们想要什么的时候，
就自己动手加点设计吧！

1
当时3岁，
从零开始做有点困难
在家具市场
买了踏台
2
自己涂颜色
3
自己加点设计，
就会更喜欢它
完成！

与孩子一起DIY

方便使用的基本道具

砂纸

用于事前处理。
孩子们方便使用又很安全。

黏着剂

木工用黏着剂的用途很广，也很方便孩子们使用。

着色剂

让木纹更明显的水性着色剂。
臭味很淡，可以安心使用。

胶枪

可轻松黏着。

蜜蜡

因为是天然素材，所以很安全！

防污布

刷油漆的时候，
防止油漆滴落地上的垫布！

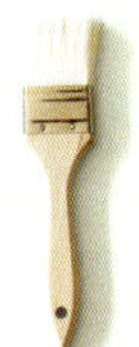

刷子

用于涂色，把柄细长，
孩子方便手持。

水性油漆

可以在壁纸上刷的油漆。没有臭味，可以安心使用。

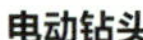

电动钻头

或许大家会觉得用到电动钻头也太正式了吧，不过有一台真的很方便！操作也很简单，有种在家DIY变得很容易上手的感觉！

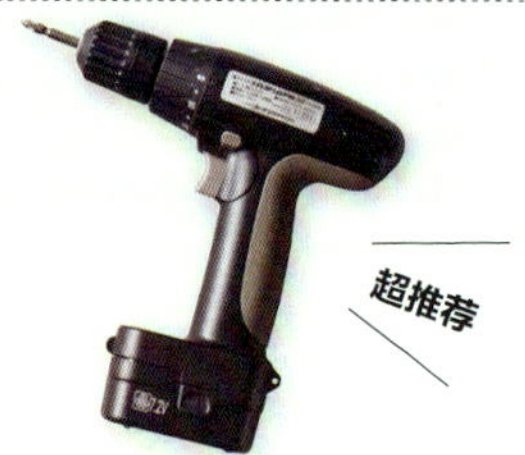

超推荐

我家的DIY
用具收纳

方便使用和收纳

情报站

用柜子和窗帘做的“情报站”。生活必需品全部集中收纳在这里。

孩子们的桌子

孩子们5岁左右时，我们在孩子们的房间放了张桌子。

为了长大后也能用，我们替孩子们分别准备了一张桌面较大的桌子。

为了能一直用到小学三年级，我们准备了高度30cm和70cm的桌脚。

准备的材料

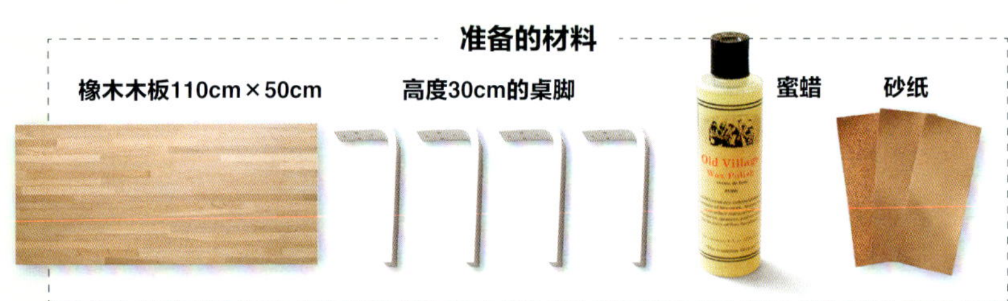

孩子们能做的事

1 女儿帮忙压着

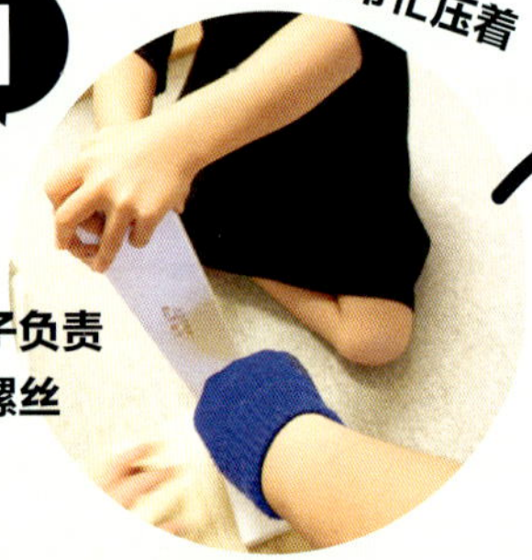

儿子负责递螺丝

2 爸爸用电动钻头装桌脚

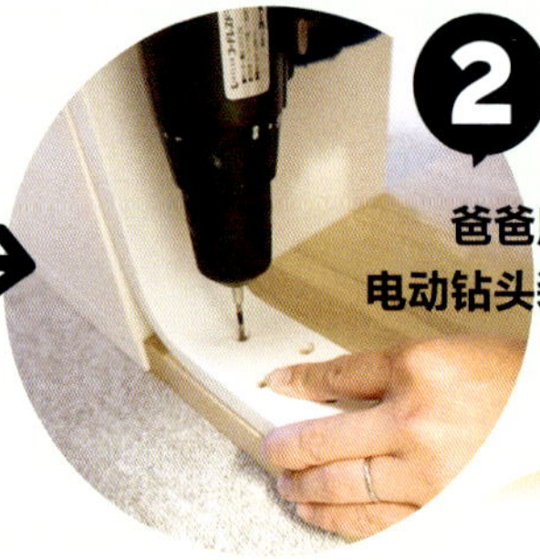

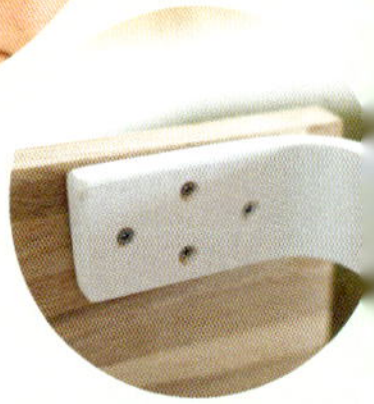

3 完成

里面是这样的

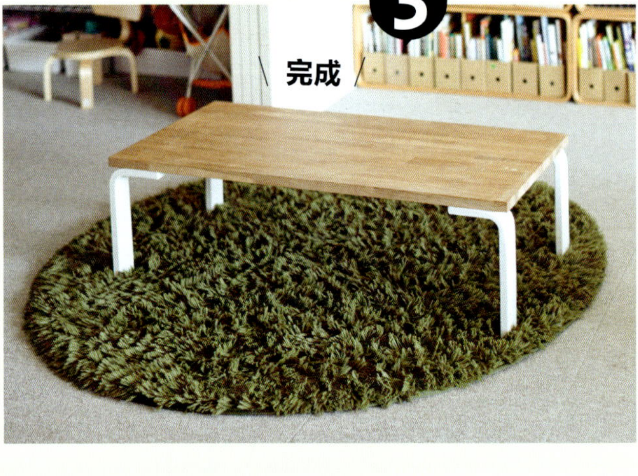

如果脏了，跟孩子一起做保养

天然木材的好处就是有脏污或有刮痕的时候，只要重新打磨一下，就能恢复原本漂亮的模样。我家就是这样保养的。

桌子上通常会有笔痕或脏污，我们家半年就保养一次

用砂纸磨掉脏污

因为是天然的材质，所以能安心使用！

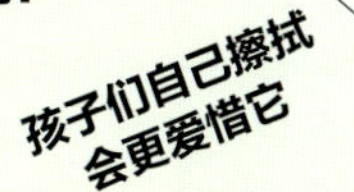

孩子们自己擦拭会更爱惜它

一板双用！招牌和迷你桌子

家具行的边材(切剩的木头)都卖得超便宜。

我们依照女儿的创意，用黏着剂将这些边材粘成招牌。

虽然强度有点不足，不过女儿很开心！

边材通常都摆在家具行的角落，去的时候务必确认有没有卖哦！

可以当成放咖啡的迷你桌子

放盆栽的台子
也是利用边材
组合成的

可以用粉笔画图的花盆

刚好剩下了黑色的油漆，

就跟孩子们一起把家里的塑料花盆涂成了黑色，然后用粉笔在上面作画。

原创花盆就此完成啦！

准备的材料

塑料花盆

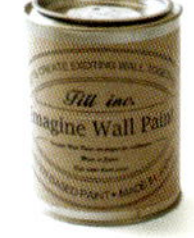

水性油漆(黑色)

刷子

粉笔

1 在阳台铺上报纸，再开始刷油漆

2 没刷均匀也没关系

3 用粉笔画上喜欢的图案

完成

小贴士

因为是用粉笔画，所以画失败可以重来。

一起给墙壁刷油漆吧！

我家是五年前买的二手房。

米黄色的壁纸让我们有点不习惯，所以我们全家一起把客厅和孩子的空间漆成纯白的颜色。从那之后，偶尔就会花点时间给墙壁刷油漆。

第一次刷油漆是在孩子们2岁的时候，虽然那时他们只能半玩半刷，现在6岁的他们已经能帮很大的忙了！刷油漆对他们来说，已经很熟练了。

准备的材料

防污布　水性油漆　滚刷　刷子

1 把要刷油漆的房间的东西搬走，然后打扫干净！

2 铺上防污布保护地板

3 开始刷油漆

先铺瓦楞纸或报纸，就能避免孩子弄得太脏

4 After

完成

铺好拼毯就完成了!
8m²大小的房间大概
一天就能搞定!

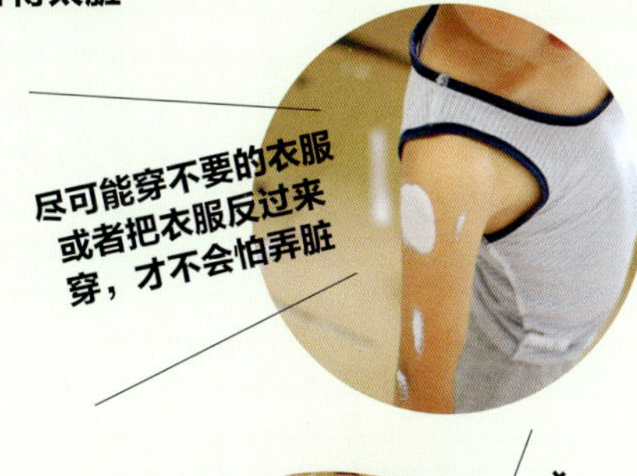

尽可能穿不要的衣服
或者把衣服反过来
穿，才不会怕弄脏

故意涂在手上

即使是二手房，自己动手改造后就会越来越爱它。墙壁弄脏了可以重新粉刷，这点也让人很开心!

我家的阳台

我家是常见的三居室。

坐在客厅的沙发上时，看起来光秃秃的阳台有点煞风景

所以我们在阳台铺了木纹地板，让阳台成为客厅的一部分。

从那天之后，老公就爱上绿色植物，阳台也渐渐充满绿意。

周末的早上，我们会在阳台喝咖啡，

与孩子们一起悠闲地度过。啤酒也是在这里喝。

阳台简直就像是我家的客厅一样。

平日用烘衣机烘衣服的我们，一周会有两次把洗好的衣服晾在这里。晒衣架选择了银色的。

铺上客厅沙发上的抱枕

假日，老公就在这里读书

早上浇花和给小鱼喂饲料是孩子们的工作

在木纹地板涂着色剂，就会变成这样

木纹地板
木头的质感能赋予阳台温度

偶尔会在阳台上吃早餐

这个需要大人制作

过家家的厨房

孩子们1岁时，

这是给开始对过家家有兴趣的孩子们的圣诞节礼物。

所以决定自己动手做做看。

准备的材料与家里现有的东西

- 不锈钢材质的毛巾架零件
- 铝制托盘
- 橡木锅垫
- 黏着剂

完成

1

打造基座

我们在原本就有的木架上摆放基座。后面是黑板。如果没有这种木架，可以用彩色的抽屉柜代替。

这是基座翻起来的样子。我们把在家具市场裁好的木板组装起来。

2

设置毛巾架

牢牢地装上毛巾架。

看起来像水槽的是冰箱里的铝制托盘。

3

安装水龙头

这个水龙头原本是毛巾架的零件，组装起来就很像是水龙头。

4

燃气炉用橡木锅垫充当

用来充当燃气炉的是橡木锅垫。燃气炉的旋钮是家具市场裁好的圆形木头，我们用黏着剂黏在上面。

完成

5

我们夫妻俩花了2小时找灵感，花了1小时买材料，又花了1小时制作，总共花了4小时完成了这个独一无二的厨房！一根钉子都没用到，全部都是用木工用黏着剂粘牢。而且，造价很低！想要新东西的时候，先思考有没有办法自己动手制作，这才是一切的根本哦！

话题6

爸爸专栏

老公在孩子们5岁之前，工作忙到经常“夜不归宿”。而且，还常常去国外出差，孩子们3岁的时候，还到国外赴任半年。有一段时间完全见不到面。现在，工作环境改变了，也与孩子们有了更亲密的接触。但就我的角度来看，老公虽然很久没跟孩子们见面，却很懂得跟孩子们相处。所以我采访了比我还懂得玩游戏的老公。

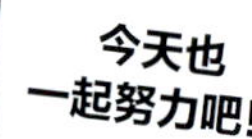

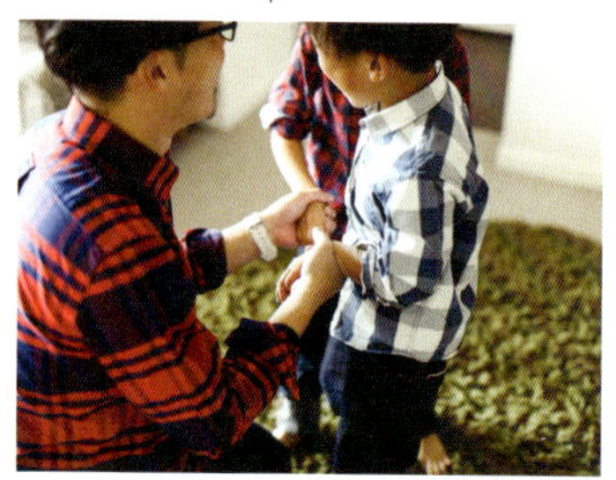

爸爸

1 带孩子最重要的是什么？

最重要的就是孩子们感受到“自己被爸爸妈妈爱着”这件事。只要他们觉得被爱，就能顺利长大。成绩好、爱运动，或者帮忙家务事当然也很开心，但更重要的是孩子们觉得自己被爱！

所以我都直接表现对孩子的爱。“我好喜欢你哟！你做得好好！你们好可爱！谢谢你们来到我们身边！”不仅用语言表达，我还会抱抱他们，抚摸他们的后背，用很夸张的肢体语言表达爱。

2 跟孩子玩游戏的时候，最重要的是什么？

就是“我也觉得很快乐”这个原则。自己觉得很有趣的事情，也会让孩子们觉得很有趣，例如孩子跟我一样爱上足球后，与附近爱踢足球的孩子们有了认识的机会，然后爱踢足球的同伴也越来越多。当然，有些孩子们感兴趣的事情我也有兴趣。例如小时候我敢摸螃蟹和蝉，但长大成人后，我完全不敢碰了，孩子们出生后，又自然而然地敢摸了，有种找回儿时记忆的感觉！

爸爸

3 与孩子们相处时要注意哪些事？

就是“彻底地称赞”，不管他们做什么，都尽量找机会称赞他们。例如跟儿子踢足球的时候，就算射门射偏了，我也会赞美他：“射门的心情很棒吧！”“居然能把球运到那么远，真的好厉害！”我在过程中会不断地称赞他。

从那之后，我不太会去想“父母亲该是什么模样”这件事。我家都是当下能做的事就立即做，因为不管是家务事还是工作，每个时段的比重与扮演的角色都不同，所以我家不局限于“因为是男生所以要……，因为是女生所以要……”的形式，而是觉得“像自己”最重要。

爸爸

4 养育双胞胎最困难的是什么？

基本上我都是觉得有双胞胎真好，但最近孩子们在相互比较，例如，解答同一道问题时，一定会发生谁比较快、谁比较慢，或者谁擅长，谁不擅长的情况，有时俩人就会闹脾气，气到一直哭。在面对同一个问题，同一个等级的事情时，会出现双胞胎才有的困难。一直以来，我都是让其中一个先做其他事，不要太在意对方。之后让他们对自己因心烦而发脾气的事情进行反省。人都会有情绪，所以得先等这段时间过去，情绪稳定下来再道歉。

我们就是这样，经常会一起讨论很多事，
决定很多事。
我有时候也会有情绪，不过懂得说对不起的态度，
让我觉得我们果然是一家人啊。
从今往后，也要全家同心协力继续努力下去！

专栏 5

到底什么叫作“珍惜”？

孩子的幼儿园联络簿上写了下面这件事。

——到底什么叫作“珍惜”？幼儿园为了教育孩子们，花了很多心思。班里的玩具坏掉时，就会把孩子们集合起来，一边晓以大义，一边规定玩玩具的规则。如果是绘本破掉，绝对不会放着不管，而是当着孩子们的面修补，然后把绘本摆回原位，而且是摆成封面朝外。孩子们看到老师修补东西时，会想到要小心地玩玩具，然后了解“珍惜是怎么一回事”，也会从老师整理东西的过程中学习到收纳方式，以及东西排列整齐的时候有多么美，心情有多么好这件事。在重复学习这件事的过程中，慢慢地就养成“惜物”“整理”的好习惯。

读到这段话时，让我不禁回想，有没有哪些看似理所当然，我却没能做到的事呢？

我们总是叮嘱孩子“好好珍惜玩具”“有礼貌地问候长辈”，但是大人有没有以身作则才是更重要的事吧！

Chapter 6

大家的烦恼 Q&A

接下来要回答的是，来自读者以及课程听众提出的“Emi小姐，这时候应该怎么应付？”的问题。

雨天怎么安排行程？堵车时该怎么办？什么时候是买玩具的时机？诸如此类的问题，希望能提供给大家一些参考的意见。

“雨天怎么安排行程？”

by 一遇下雨天就烦燥的妈妈

在家的时候……

坐在野餐垫上吃午餐

A

下雨了！如果孩子们还小，老实说，要待在家里玩一整天还真是不容易呢。这时候可以把擦得干干净净的野餐垫铺在地板上，大家一起坐在上面吃午餐。总之，就是花点小心思，让心情变得稍微不一样。这一天，女儿想玩的是披萨宅配角色扮演。我们一边看着传单，一边假装打电话叫披萨外卖，然后用饺子皮完成迷你披萨。

A

大家一起整理照片

待在家里无聊，就趁这时候整理照片吧！打开电脑，征求孩子的意见：“哪张照片拍得比较漂亮呢？”“这个时候很开心呢！”然后跟孩子一起挑选照片。

下雨天也想出门玩……

A 在网上搜寻“○○(地名)/下雨/游戏/孩子”

连续下雨的日子，一直待在家里的确很无聊。如果能找到下雨天也能玩的场所，就太棒了。

我家通常会在网上搜寻“○○(地名)/下雨/游戏/孩子”的关键词，然后就会搜寻到很多相关的游戏场所。

而且，下雨天说不定也是去天文馆、儿童馆这些未知之处探险的机会哦。

下雨的时候，不要总是叹息“啊呀！好可惜”，而是接受眼前的状况。一直以来我都这样告诉自己，反正天气也不是我能控制的。

“堵车时，或者在医院等待的时间该怎么安排呢？”

by 等到不耐烦的妈妈

建议玩文字接龙或者手指游戏！

1、2、3、0

如果能避开堵车时段，不用浪费时间堵车是最理想的，但是，事情总是不尽如人意，而且孩子会在这时候哭闹，如果大人也不耐烦，就会陷入恶性循环，所以我会说：“我们有可以玩游戏的时间了！”以此转换心情。在车里可以玩“文字接龙”或者“猜谜游戏”。在医院或餐厅等待的时候，则会玩“用手指比数字”的游戏，或者玩在后背或手心写字，让孩子猜“写了什么字”的游戏。

我家的车没有装DVD，手机里也没有安装游戏。虽然这跟我们夫妇俩对这些游戏没兴趣有关，不过我们都觉得在这个时期，与其大家各玩各的游戏，还是尽可能一起玩比较好。

知道写了什么字吗？

"Emi小姐都带孩子去外面玩吗？不会去购物中心吗？"

by 超爱购物中心的妈妈

我超爱买东西！但是会避开人潮汹涌的时段。

当然会啊！给孩子买衣服时，通常都是去购物中心，也常在周末去。不过，周末总是人很多，所以我们都"尽可能在很早的时候去"。

如果是10点开门的购物中心，我们会在开店的时间就去！这时候车少、人少，店里的商品也摆得很整齐漂亮，看了心情就很好。至于午餐，12点去肯定大排长龙，而且孩子也饿得没办法等，如果是一开店就去，就能在美食街悠闲地吃午餐了。

“孩子小时候的纪念品都是怎么保存的？”

by 将重要的东西也一起堆在瓦楞纸箱的妈妈

A 收在纪念盒里，再统一摆在书架上

“可立在书架上收藏的纪念盒”

孩子们的脐带、第一双鞋、第一个奶嘴……，随着孩子们成长，这些纪念品的确是很多、很不容易收纳呢。之前我去客户家里帮忙整理的时候，发现这些重要的纪念品不是放在客厅的抽屉里，就是丢在壁橱的纸箱里。

其实，我之前也是一样，都放在盒子里，然后收进衣橱里，但现在孩子们长大了，我想放在比较容易拿取的地方，所以就做了“能立在书架上收藏的纪念盒”，而且两个孩子各有一个。里面收了很多有关孩子的纪念品，例如出生时的手印、脚印以及1岁之前的育儿日记，最近连脱落的牙齿也一起收了进去！

“很想让他们玩得尽兴，
但是前期的准备工作却很麻烦！”

by 想让孩子更有创意的妈妈

A 建议参加儿童活动室

用大型瓦楞纸箱盖房子的活动

我很懂这个感觉。如果家里很宽敞，还有相关道具就算了，但通常都不是这样子。我家也是普通的三居室。我很想让他们尽情玩，但是老实说，我有时候也会觉得准备是件麻烦的事。

这时候可以参加社区举办的儿童活动，也可以在网络上用“儿童活动”等关键词搜寻，应该可以找到很多有趣的活动。

我家不定期会去参加用大型瓦楞纸箱盖房子，或者利用废旧材料做车子这类的活动。参加这些活动不仅能让孩子在宽阔的空间玩得尽兴，还不用自己准备道具，真的很轻松呢！

这是在蓝天下进行的活动。从边材里面挑选材料，做出独具创意的成品。

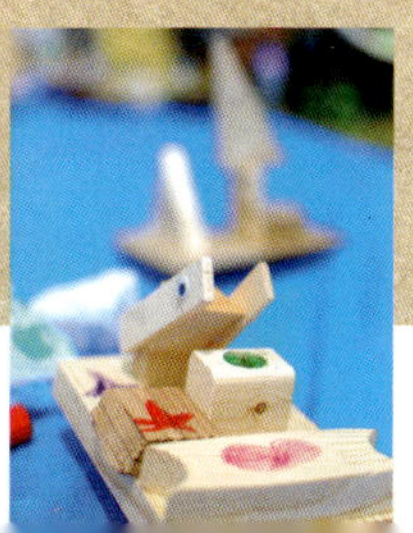

"怎么决定孩子该学什么才艺呢？"

by 不知道该让孩子学什么的妈妈

不要随波逐流，等待时机到来

我家的孩子们是在4岁的春天开始学才艺，现在各有两种在学的才艺。听到有些朋友让孩子更早开始学习或者已经开始学新才艺之后，心里也是有点焦急，但是，直到时机来临之前，我都没让孩子们学习任何才艺。

我家儿子看到足球世界杯的比赛后，变得对足球很有兴趣，而女儿对制作东西和画画很着迷，看到他们有兴趣倾向的时候，我才决定让他们学才艺。挑选教室的重点是去参观上课时的情况，看到老师站在孩子们的立场说话，而且很珍惜教学用具的样子，于是决定在这里上课。当然，也会询问孩子们的意见。不被身边的人左右，该学什么？在哪里学？我觉得应该全家一起决定。

“怎么设计周末玩的游戏？”

by 变不出花样的妈妈

可以参考报纸或书刊上的信息

我一般会参考社区报或书刊上的信息。每天从信箱里拿到报纸，我都会第一时间翻一翻，如果看到喜欢的内容，就会用手机拍下来。如果看到想参加的活动，也会立刻把相关信息输入到手机的备忘录里。我们夫妻俩的备忘录是共用的，所以老公也会看到我分享的活动。虽然有时候不去参加，但是可以根据行程调整时间，因此不会发生“那个活动很想去，居然忘了”的情况。

“孩子们总是互相打架，该怎么办才好？”

by 总是在喊“不要打架！”的妈妈

用其他的说法说出“不要打架！”这句话

我家有一段时间，双胞胎很爱打架。有一次去朋友家玩，结果儿子跟朋友家的儿子打起架来。当我们心想：“该怎么办？”的时候，那位妈妈说了一句：“要不要想想怎么样才能一起开心地玩？”

之后，我一直模仿这个说法。说“不要打架”固然简单明了，但是孩子们通常是想停却停不下来。

如果换成其他的说法，就能让孩子们戛然而止。当然，有时候不会立刻有效果，但我还是一直告诉自己：“要有耐心、要有耐心。”

“爷爷和奶奶怎么跟孙子玩呢？”

by 针对爷爷和奶奶问题很烦恼的妈妈

A 不用勉强配合孩子，自然而然地做喜欢的事情就好

我们的父母也还在上班，所以只能偶尔碰个面。姥姥很疼爱外孙，但似乎“不太知道该怎么跟外孙玩”，甚至以前还说过“要让孩子玩得开心还真是很困难呢”。不过，最近似乎乐在其中了。把“配合外孙玩”转变成“跟外孙一起做自己喜欢的事”的立场后，开始享受跟孩子一起玩的乐趣吧！

举例来说，母亲很擅长裁缝，所以有时会跟外孙一起做布巾袋，有时候则自己在一旁做点心，总之就是不过度配合孩子，但也玩得很开心，孩子也感受到了这份快乐。

婆婆就很会玩！常常跟孩子一起在大毛巾上玩过家家，或者扮演妈妈的游戏，很懂得配合孩子一起玩，我也从婆婆身上学到很多。

有两位类型完全不同的妈妈在身边，对于我和孩子们来说，都是一件很值得感恩的事呢！

“Emi小姐家
都在什么时候买玩具呢？”

by 孩子要玩具就忍不住买给他的妈妈

基本上一年只买两次

我家每年只在“生日”和“圣诞节”买玩具。圣诞节会写信给圣诞老人许愿，然后把信挂在树下。在玩具送到面前之前，会与孩子们重新检查玩具。“新玩具送来之后，要放在哪里才好呢？”与孩子们一起想这些事情。

当然，孩子们也很喜欢在餐厅领到的随餐玩具！因为是偶尔才拿得到，所以都很珍重地收好。

“绝对不买！”“家里不需要！”不要订下如此严苛的规则。有一定的规矩，再加上偶尔可以通融，这就是我家对买玩具这件事的态度。

“孩子对电视和手机很痴迷，该怎么办？”

by 对孩子痴迷电子产品不安的妈妈

A 我家儿子在2岁的时候很爱看电视！现在则立了一些规矩

儿子在2岁的时候，曾经超喜欢某个电视节目，每天都离不开电视。

虽然我怕他就此成为电视儿童，但是硬把电视关掉只会惹得他又哭又闹。当时我觉得“或许某一天就不会那么迷了吧”，过了几个月之后，儿子突然就对电视失去了兴趣。

这6年来带孩子的经验告诉我，孩子就是会在某个时期对某些事物特别执着，而父母亲则是让他们做想做的事，然后在一旁守护他们，直到他们转变心意为止。

现在儿子最喜欢看足球比赛。我家的规矩是，看完规定的节目后就要关掉。立下规矩后，连大人都要遵守，因为孩子可是睁大眼睛盯着大人哦。

结语——不刻意努力的育儿方式

带孩子这件事，应该没有所谓的标准答案。第一次带孩子，迷惘与烦恼会接踵而来，也会不小心拿自己的孩子与其他孩子比较，或者怀疑自己带孩子的方式。

想成为很会跟孩子玩的妈妈，想成为很擅长做饭与接待客人的妈妈，明明很努力，却总是不如预期，最后就忍不住拿自己跟别的妈妈比较，然后产生讨厌自己的情绪。

我自己也曾经因为工作忙昏了头，而无法平心静气地面对孩子。

那个时候，刚好有机会与身为爸爸的朋友聊育儿经。那位朋友告诉我下面这些事。

*

"经常帮孩子做这做那的父母，常会在带孩子这件事上太过努力，这样只会让父母觉得很辛苦，孩子们也会觉得很累。所以我们都尽可能'不要太努力带孩子'，这样父母和孩子都会觉得很轻松。不管是读书还是学才艺，以后会遇到各种烦心的事，在这些事情来临之前，我希望跟孩子们一起做一些快乐的事，希望孩子们从中可以学到苦中作乐的能力。希望我们彼此都能以自然而然的态度带孩子。”

*

不刻意努力，

让大人和孩子都“乐在其中”这件事变得更单纯。

孩子若自然而然地觉得“长大成人是件快乐的事”，

我觉得那就是一种幸福。

2016年2月

emi